POLYGLOTT on tour

W0173871

Nepal

Jürgen Dahm

Allgemeines

Reisegebiete

Kathmandu-Stadt

Welterbestätten, verwinkelte Gassen, versteckte Tempel, Hinterhöfe voll dörflichen Lebens, ein quirliges Basarviertel – in Kathmandu pulsiert das Leben.

Das Kathmandu-Tal

Noch mehr Welterbestätten – Patan, Bhaktapur, Swayambhunat, Boudhanath sind nur die wichtigsten– daneben einige Himalaya-Aussichtsorte – das Tal ist vielfältig.

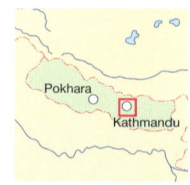

Pokhara

Erholung von den Besichtigungen im Kathmandu-Tal oder vom Trekking – in schönen
Hotelgärten mit Blick auf den Himalaya.

Der Süden

Eine abwechslungsreiche Woche: Rafting
nach und Elefantenritte in Chitwan, ein alter
Königspalast und Buddhas Geburtsort.

Trekking

Perfekt organisiert, ob in Lodge oder Zelt,
ob wenige Tage oder einige Wochen: Die
Auswahl an Trekkings ist groß. Eine Woche
genügt z. B., um dem Everest sehr nahe zu
kommen.

Seite 3: Am Palastplatz in Kathmandu
Rechts: Ama Dablam

Bildnachweis

Alle Fotos Jürgen Dahm außer Ulrike Bornemann: 8, 8/9 (Fondbild), 87; Rita
Brennich-Weber: 1, 3, 18, 31-1, 34-2, 38, 65-1, 72, 76, 77-1, 81; Henryk Hörner: 61,
92, 95; Klaus-Peter Hütt: 10, 10/11 (Fondbild), 11; Volkmar Janicke: 6/7 (Fondbild), 7, 9; Sabine von Loeffelholz: 43-1, 49; Gudrun Rücker: 2-1, 6, 13-1, 26-2, 34-
1, 40, 42, 54, 57-1, 67, 75; Titelbild: Bilderberg/ M. Kirchgessner

Kunstvolle Striche
zu Ehren der **Götter**

In Ermangelung von Theater und Schattenspiel war die Malerei die wichtigste Technik, um Götter und Heilige darzustellen und religiöse Zusammenhänge zu erklären. Neben zahlreichen – auch hinduistischen – Darstellungen von Göttern und Glückssymbolen, die sich in Tempeln und auch Privathäusern finden, faszinieren vor allem die buddhistischen Rollbilder, die bei den Newar *Paubha* heißen, uns aber vor allem unter dem tibetischen Begriff *Thangka* bekannt sind.

Wochenlange Arbeit

Die in einen Rahmen gespannte Leinwand wird mit einer Mischung aus Kalk und anderen Zutaten bestrichen und geglättet. Bei einer »echten«

▌ Thangka-Maler bei der Arbeit sieht man gelegentlich in einzelnen Geschäften in **Thamel;** ganz sicher aber in **Bhaktapur** in der Gasse zwischen Taumadhi Tole und Palast.

Thangka ist schon dieser Prozess mit zahlreichen Zeremonien und Gebeten verbunden. Gemalt wird traditionell mit Farben aus Pflanzen und Wurzeln, aus pulverisierten Steinen und Halbedelsteinen, feine Linien oder der Schmuck eines Gottes sogar mit pulverisiertem Gold. Die Oberfläche wird mit diesen Naturfarben seidig matt.

Oft malt nicht ein Künstler die ganze Thangka: Der Könner gibt die Linien vor, der Lehrling malt die Landschaft, der Meister füllt die Figuren mit Details; und die Augen eines Buddha darf nur ein Mönch einsetzen.

In Brokat gefasst oder hinter Glas gerahmt?

Meist sieht man die in Brokat eingefassten Bilder in Klöstern, wo sie oft hinter einem schützenden Stoff verborgen sind, der nur bei Bedarf nach oben geschlagen wird. Aufgerollt führen Lehrer und Prediger sie mit sich, für Pilger sind sie Objekt der täglichen Meditation. In Geschäften wird meist nur das Bild – ohne die Brokateinfassung – angeboten, so dass es sich leichter transportieren und zu Hause rahmen lässt. Und hier sieht man auch Thangkas in ganz anderen Stilen: Zum einen die oft sehr dunkel gehaltenen, die seit einiger Zeit wieder aus dem chinesisch besetzten Tibet importiert werden. Zum anderen überreich mit Details und Gold gemalte Thangkas, die mancher nicht für typisch hält – was aber vielleicht nur daran liegen mag, dass sich die meisten Klöster so etwas reich Ausgeschmücktes nicht leisten können.

Tipp Eine gute Sammlung alter Paubhas und Thangkas findet sich in der **National Art Gallery** im Palast von **Bhaktapur** (s. S. 59).

▌ Als Wandschmuck sollte man nur die speziell für den Tourismus hergestellten Thangkas exportieren. Eine religiös geweihte Thangka, die unter Befolgung zahlreicher Zeremonien hergestellt wurde, hat ihren Platz in einem Kloster oder dem Haus eines Gläubigen.

Motive

Die Bilder lassen sich grob in vier Gruppen aufteilen: Auffallend durch das kreisrunde Zentrum sind zum einen das Rad des Lebens; zum anderen die Mandalas, die einen ganzen Kosmos und die Beziehungen verschiedenster Götter zueinander darstellen. Großflächiger und figürlicher sind Thangkas, die meist als Meditations-Vorlage dienen und oft nur einen einzigen Gott oder Buddha

Tipp Beim Kauf einer Thangka werden Sie im **Handicraft Center** in **Bhaktapur** (s. S. 61) sehr gut beraten. Paubhas, Glückssymbole, und auch moderne Motive in den alten newarischen Techniken findet man im kleinen **Oriental Printshop & Gallery** in **Kathmandu:** Vom Stupa von Thahity Richtung Thamel gehend, sehr bald auf der linken Seite.

darstellen. Als Vorlage für Lehre und Unterricht dienen solche, die wie ein Comicstrip eine ganze Geschichte erzählen, seien es Szenen aus dem Leben eines Heiligen, die Geschichte eines Ordens, die Baugeschichte eines Klosters.

Alles ist möglich

Mit etwas Fantasie – und etwas Geld
für zusätzlich Führer und Träger – ist
in Nepal fast alles möglich: Blinde haben die Annapurna umrundet; eine Roll-
stuhlfahrerin erreichte das Basislager des Mt. Everest; und eine alte Frau an
zwei Krücken machte einen 4-Tage-Trek in 2 Wochen – und genoss es!

▌ Navyo Nepal, Burungkhel,
Tel. 01/261 367, Fax 227 070,
navyo@ccsl.com.np (s. auch S. 37).

Für weniger Sportliche

Wenn Sie nicht tage- oder wochenlang wandern möchten, planen Sie
zumindest eine Tageswanderung oder einen kleinen Spaziergang ein,
um einen Eindruck von den Dörfern, der schönen Landschaft und der
reichen Vegetation zu erhalten. Überwiegend flach oder abwärts
wandern Sie in 3-5 Stunden z.B. von Sarangkot nach Pokhara (s. S. 78),
von Namobuddha nach Panauti oder Dhulikhel (s. S. 74; Transport und

Führer buchen Sie in den Hotels in
Dhulikhel), oder von Nagarkot nach
Changu Narayan (s. S. 67). Etwas
anstrengendere Wanderungen in der
Umgebung von Kathmandu finden Sie
ab Seite 71.

Tipp Ganz einfach wird die
Wanderung nach Changu
Narayan, wenn Sie sie weit unterhalb
von Nagarkot an der großen Spitzkeh-
re der Straße (»Nagarkot Phedi«)
beginnen.

Auf eigene Faust oder voll organisiert?

Aus Sicherheitsgründen (vom verstauchten Fuß bis zum gelegentlichen
Überfall) sollte man mindestens zu zweit oder zu dritt gehen. Ein ein-
heimischer Führer (manche sprechen sogar deutsch) oder ein guter
Träger, der ein paar Brocken Englisch versteht, kennt die Wege, Entfernungen und die besten Lodges und kann ein unterhaltsamer und
interessanter Begleiter sein. (Engagieren Sie ihn über eine Agentur
oder Ihr Hotel; engagieren Sie niemanden von der Straße.) Bei Trekkings in abgelegene Gebiete
benötigt man mehr Personal, eine
erfahrene Küchenmannschaft,
Träger für Lebensmittelvorräte; all
dies bucht man als Komplett-
Paket bei einer Agentur (s. S. 37).

▌ Gute Informationen zur Vorbereitung
bietet die **Himalayan Rescue Association**
in Thamel (Tel. 01/418 755) und in
Pokhara (neben dem Immigration Office).

Es muss nicht der Mount Everest sein

Wunderbare Bergwelt voller Gegensätze

Können Sie sich vorstellen, außer einem gelegentlichen Flugzeug drei Wochen lang kein Motorengeräusch zu hören? ...und dass die Nacht wirklich pechschwarz ist, ohne einen Lichtschimmer am Horizont – so dass man Millionen mehr Sterne sieht als über dem Dunst von Kathmandu? Und trotzdem bewegen Sie sich auf den Hauptstraßen eines Landes, wandern von Lodge zu Lodge, kommen in Kleinstädte mit Schulzentren, treffen nach 10 Tagen Wandern auf eine Bank und ein Postamt, übernachten 3400 Meter über dem Meer neben Bäckereien und Internet-Cafés! Auf anderen Routen begegnet Ihnen tagelang keine menschliche Siedlung; oder die Dörfer sind so abgelegen und rückständig, dass man nicht einmal Grundnahrungsmittel kaufen kann: Man muss Zelte, Verpflegung und Küchenausrüstung mit sich führen. Trekking in Nepal kann drei Tage oder sechs Wochen dauern, und die Auswahl an Zielgebieten und Schwierigkeitsgraden ist schier unendlich.

❚ Die TourenDisk-CD **Trekking in Nepal** stellt ein dichtes Netz von Trekkingrouten vor – neben den Klassikern auch unbekannte. Etappenbeschreibungen, Farbbilder und Höhenprofile mit eingetragenem Routenverlauf. (Bernhard Rudolf Banzhaf, Bergverlag Rudolf Rother, 2001).

Nashörner und Tiger im Himalaya?

Ja – fast 1000 km² groß ist der meist besuchte Nationalpark im Terai, dem Tiefland an der indischen Grenze. Zum Schutz der Tiere werden die Parkvorschriften strikt überwacht: Nachts darf man den Park nicht betreten, tagsüber nur in Begleitung eines Führers. Innerhalb des Parks gibt es nur wenige Hotels. Abenteuerlustige können die Anreise mit einem Rafting auf dem Trisuli-Fluss (s. S. 80) kombinieren.

Was so kreucht und fleucht

Dank der Schutzmaßnahmen hat sich die Zahl der Tiger auf etwa 110 Tiere erhöht, die der Nashörner (*rhino*) auf 550. Der Park bietet außerdem Lebensraum für wilde Elefanten, Kragenbären, 60 Leoparden (nepalisch *chitwa*), indische Bisons (*gaur*), vierhörnige Antilopen, Aristoteles-Hirsche (*samber*), Schweinshirsche (*hog deer*), Muntjaks (*barking deer*), Schuppentiere (*pangolin*), Palmenroller (*palm civet*), Honigdachse (*ratel*), gestreifte Hyänen, Wildhunde, Languren, Rhesusaffen, und den sehr seltenen Ganges-Delphin. Bei den Vögeln zählte man 550 Arten – zu den gefährdeten gehören Bartrappe, Nashornvogel sowie schwarzer und weißer Storch. Häufiger sieht man: Pfauen, Rote Wildhühner, Reiher, Silberreiher, Eisvögel und Spechte. Begegnen können Ihnen auch Reptilien: Warane, Pythons und andere Schlangen sowie Krokodile.

Tipp Die beste Besuchszeit sind die Monate Oktober bis März. Danach wird es sehr warm, ab Juni regnet es bei extrem hoher Luftfeuchtigkeit. Nach dem Grasschnitt im Januar sieht man die Tiere besser als im Herbst.

Aktivitäten

Einer der beliebtesten Ausflüge im Park ist wohl der **Elefantenritt:** Zu viert auf dem großen hölzernen »Sattel« reitet man stundenlang quer durch den Wald. Aus der Höhe sieht man mehr Tiere, kann sich auch den wildesten gefahrlos nähern, und hat den idealen Fotostandpunkt. Auf **geführten Wanderungen** sucht man – je nach Tageszeit – speziell nach Großtieren, oder beobachtet Vögel und lässt sich Pflanzen erklären. Per **Jeep** oder **Pferdewagen** legt man größere Entfernungen zurück, und im **Kanu** nähert man sich Krokodilen und Wasservögel.

▌ Fahren Sie nicht mit falschen Erwartungen: Bei einem Aufenthalt von wenigen Tagen wird man eher selten eine Raubkatze oder einen Bären zu sehen bekommen. Nashörner, Hirsche, Krokodile und zahlreiche Vögel aber sind fast garantiert; und allein diese sind es wert, den Park zu besuchen. Und der Dschungel hier ist nicht tropisch, sondern subtropisch und besteht zum Großteil aus Sal-Wäldern und Elefantengras.

Innerhalb oder außerhalb des Parks wohnen?

In vielen der Hotels außerhalb des Parks (s.S. 83) zahlt man als Grundpreis nur das Zimmer, hat in der Umgebung mehrere Restaurants zur Auswahl und bucht und zahlt jeden Ausflug separat. Die Resorts innerhalb des Parks (s.S. 83) bieten zum Komplettpreis Vollpension und ein ausgewogenes Programm mit täglich 4 bis 5 Ausflügen und Informationsveranstaltungen. Wer länger bleiben und nur gelegentlich einen Ausflug machen möchte, wohnt also günstiger außerhalb. Wenn Sie wenig Zeit bestmöglich nutzen wollen, sollten Sie eines der etwas teureren Komplett-Angebote buchen.

Beeindruckend ist der **Stock-Tanz** der Tharu, der ursprünglichen Bewohner dieses Gebietes, den manche Hotels gegen Abend vorführen lassen.

▌ **LunTara,** eine deutsch-nepalesische Kooperation, entstand als Frauenkulturcottage, beschäftigt einheimische Frauen und bietet u. a. spezielle Workshops für Frauen. Die streng ökologisch erbaute und arbeitende Anlage hat nur 10 Zimmer. (Tel. 056/80 145, luntara@mail.com.np; $)
▌ **Royal Park Hotel** steht unter deutscher Leitung und ermöglicht auch Behinderten Elefantenritte, Kanu- und Jeepfahrten.
▌ **Island Jungle Resort** liegt ganz abgeschieden auf der größten Insel im Narayani-Fluss. Buchung: Kathmandu, Tel. 01/229 116, Fax 225 615, E-Mail: island@mos.com.np.

Hindukönigreich im Himalaya

Lage und Landschaft

Das zwischen seinen großen Nachbarn so winzig wirkende Land ist doch fast 20 % größer als die Schweiz und Österreich zusammen. Als 885 km langes Rechteck erstreckt es sich zwischen 26° 12' und 30° 27' n. B. und 80° 4' und 88° 12' ö. L. Auf nur knapp 200 km Breite umfasst es Höhenunterschiede – und damit klimatische und botanische Vielfalt – wie kaum eine zweite Gegend dieser Erde. Die subtropischen Ebenen im Süden liegen nur wenige hundert Meter über dem Meeresspiegel, im Norden aber reihen sich acht der 14 Achttausender dieser Welt. Ein Viertel des Landes liegt höher als 3000 m.

Politisch liegt Nepal als wichtiger Puffer zwischen den beiden Weltmächten Indien und China, geografisch zwischen Indien und Tibet – und umfasst Landschaften aus beiden Bereichen: Während das Terai an der Südgrenze sich kaum vom indischen Teil der Ganges-Ebene unterscheidet, liegen manche Gegenden im Norden bereits jenseits des Himalaya-Hauptkammes und gehören vom Landschaftsbild zum tibetischen Hochplateau. Dazwischen steigt das Land in mehreren Stufen an.

Die Flüsse, die das Bild der Landschaft wesentlich prägen, erhalten zwar einen großen Teil ihres Wassers aus dem Himalaya, an dessen Hängen sich der Monsun abregnet, ihre Quellen aber liegen weiter nördlich auf dem tibetischen Plateau: Als vor etwa 25 Mio. Jahren der Himalaya entstand, waren die Flüsse bereits groß genug, einfach durch ihn hindurch zu schneiden. Die meist von Nord nach Süd verlaufenden Täler haben sich tief in das weiche Material der noch jungen Berge eingeschnitten; 2000 ziemlich senkrechte Meter zwischen einem Fluss und dem nächsten Pass sind keine Seltenheit, häufige Erdrutsche und Erosion sind die Folge.

Nepal in seiner heutigen Form und Größe entstand erst in den letzten 200 Jahren. Ursprünglich bezeichnete das Wort Nepal nur die Königreiche des Kathmandu-Tales. Und wenn von Kultur und Architektur Nepals die Rede ist, ist meist die des Kathmandu-Tales und der dort lebenden Newar gemeint. Noch heute sagt der Bauer, der aus den Bergen nach Kathmandu geht, er gehe »nach Nepal«.

Noch immer ist das ganze Land auf Kathmandu konzentriert: Hier wird die Politik gemacht, die Kultur, die Meinung (Medien); hier gibt es die besten Schulen, die modernsten Büros, die meisten Ärzte und Krankenhäuser.

Natur und Umwelt

Vom Elefantengras bis zum Edelweiß, vom Süßwasser-Delphin bis zum Schneeleopard – nirgends ist die Natur auf so kleiner Fläche so vielfältig. In den Ebenen des Terai gibt es

Blick auf die Manaslu-Gruppe (Peak 29 und Himalchuli)

Im grünen Kathmandu-Tal

Reste der einst das ganze Gebiet bedeckenden Wälder aus bis zu 40 m hohen Sal-Bäumen *(Shorea robusta)*, deren Hartholz Grundlage für die Architektur und die feinen Schnitzereien Kathmandus war. Dazwischen wächst bis zu 6 m hohes Elefantengras, das von den Einheimischen zu Dächern und geflochtenen Wänden verarbeitet wird.

Nördlich daran schließen sich Bergwälder an, zwischen 2500 und 3500 m bestimmen Rhododendron-Bäume in 29 Arten (eine Verwandte unserer Alpenrose) das Bild, die im Frühjahr in allen Schattierungen von Dunkelrot bis Weiß erblühen. In noch höheren Lagen gedeihen Birken- oder Nadelwälder. Ab etwa 4000 m wachsen nur noch Zwergformen einiger Bäume, Wacholder und andere Sträucher, Gräser und Moose, später nur noch Flechten. Die Schneegrenze liegt bei 5500 bis 6000 m.

Fauna

Fast 10 % der Landfläche sind Nationalparks und Schutzgebiete, bevorzugter Lebensraum von 180 Säugetierarten, darunter 30 Arten großer Wildtiere, und mehr als 8 % aller Vogelarten. In Chitwan (s. S. 82) sieht man Nashörner, Krokodile und zahlreiche Vögel, vielleicht auch einen Kragenbären – einen bengalischen Tiger (etwa 200 in ganz Nepal) oder eine andere Raubkatze nur mit großem Glück.

Leopard, Roter Panda, Braunbär und andere Großtiere der Berge sind selten und haben sich in dünn besiedelte Gebiete zurückgezogen. Rhesus-Affen sind sogar im Kathmandu-Tal häufig; Languren, große Affen mit silbrigem Fell und schwarzen Gesichtern, werden Ihnen vielleicht beim Trekking begegnen. In höheren Lagen lebt Nepals Nationalvogel *Danfe* (Lophophorus impejanus), eine große Fasanen-Art mit sehr farbenprächtigen Männchen.

Oberhalb der Baumgrenze beginnt der Lebensraum des steinbockähnlichen, bis zu 100kg schweren *Himalaya-Thar* (Hemitragus jemlaicus) und des Blauschafs oder *Baral,* das eher braun und mit den Ziegen verwandt ist.

Die scheuen, nur 10kg schweren *Moschustiere* mit ihren auffallend langen oberen Eckzähnen sind wegen des begehrten Duftstoffes stark gefährdet. Da man jedoch den Moschus auch vom lebenden Tier gewinnen kann, ohne die Drüse zu beschädigen, experimentiert man oberhalb von Phortse (Solo-Khumbu) und in einem

Forschungszentrum bei Godavari mit Zucht und halbwilder Herdenhaltung.

Yaks können nur oberhalb von 3000 m leben. Sie machen bis zu 77 Atemzüge pro Minute und sind dadurch ideal an die dünne Luft angepasst. Wilde Tiere begegnen einem kaum, aber als Haus- und Tragtiere sind sie z. B. oberhalb von Namche Bazar im Einsatz.

Klima

Nepal liegt im Einfluss des Südost-Monsuns, der Kathmandu etwa Mitte Juni erreicht, bis August an Intensität zunimmt und Mitte Oktober zu Ende geht. (In den Gebieten nördlich des Himalaya regnet es auch im Sommer nur wenig.) Im Winter ist es trocken (daher fällt Schnee nur in gelegentlichen Schlechtwetterperioden) und der Himmel strahlend blau, die Sicht auf die Berge fantastisch; Januar und Februar sind die kältesten Monate. Ab April wird es mit steigender Temperatur dunstiger, so dass man u. U. die Berge kaum noch sieht. Nach der Hitze des Mai wirken die ersten großen Regenfälle dann wie eine Erlösung.

Auf einer Höhe von 1300 m – etwa so weit südlich gelegen wie Florida oder Kairo – findet man in Kathmandu auch im Winter noch angenehme Temperaturen; in den kältesten Nächten sinkt das Thermometer nicht unter den Gefrierpunkt, tagsüber geht man in der Sonne im T-Shirt, bei bewölktem Himmel im leichten Pullover.

Von der intensiven Sonnenstrahlung hängt die empfundene Temperatur stärker ab als von der tatsächlichen Lufttemperatur. In Kathmandu zieht man in engen Gassen einen Pullover an, während zur gleichen Zeit auf einem offenen Platz ein Hemd ausreicht. Und beim Trekking in großen Höhen friert die Hand im Schatten des eigenen Körpers, während man auf der anderen Seite in der Sonne brät.

Tipp Die meisten Touristen besuchen Nepal im Oktober, in den Weihnachtsferien und im März. Von November bis Februar wird es zunehmend kälter, proportional nimmt die Anzahl der Touristen ab, aber für Kathmandu und Pokhara, für die Nationalparks im Terai und für kleinere Trekkingtouren (bis zu 3000 m) ist diese Zeit ebenso geeignet wie die Hochsaison.

Klima und Reisezeit

Kathmandu

Namche Bazaar

- Tageshöchsttemperaturen
- Nächtliche Tiefsttemperaturen
- — Niederschlag
- Sonnenmonate
- Niederschlagsmonate

Bevölkerung

Nepal nennt sich stolz »das einzige Hindukönigreich der Welt«; 86,5 % der Bevölkerung sind Hindus, 7,8 % Buddhisten, 3,5 % Muslime. Viele

Volksgruppen praktizieren jedoch eine Art Mischreligion aus Hinduismus und Buddhismus mit teilweise animistischen Einflüssen.

Die amtliche Statistik teilt die Bevölkerung in 60 Kasten und Völker auf; Ethnologen gliedern in bis zu 100 Volksgruppen und Untergruppen. In den Ebenen im Süden leben fast ausschließlich Völker indischer Abstammung, deren Sprachen zur indo-europäischen Familie gehören; der äußerste Norden ist von tibeto-birmanischen Völkern besiedelt, deren Sprachen mit dem Tibetischen verwandt sind. Die ethnographische Karte dazwischen sieht aus wie ein buntes Mosaik; oft lebt schon im Nachbardorf ein anderer Volksstamm mit ganz anderen Traditionen.

Den Nepali zu beschreiben ist sicher unmöglich. Der Jäger im Terai, der Reisbauer im Kathmandu-Tal und der Yak-Züchter zu Füßen des Everest haben vielleicht weniger gemein als die Einwohner dreier verschiedener europäischer Länder. Typisch für alle Nepali ist ein hohes Maß an Toleranz; Kastenregeln werden nicht ganz so genau beachtet, Religionskriege oder das Bedürfnis nach regionaler Unabhängigkeit gibt es nicht. Man versucht, das Leben zu genießen; man hat Zeit (und Geduld!) und immer ein interessantes Gesprächsthema.

Die Volksgruppen

Die **Tharu** sind die ursprünglichen Bewohner des Terai, die durch ihre Malariaresistenz als Einzige dort überleben konnten. Ihre Herkunft ist nicht sicher geklärt. Sie praktizieren einen Hinduismus mit animistischen Elementen.

Die **Newar** sind die ursprünglichen Bewohner des Kathmandu-Tales, bekannt für Kunstfertigkeit und Geschäftssinn. Sie sind tibetisch-mongolischer Abstammung, Buddhisten oder Hindus und haben ihre eigene Sprache (Newari) und Schrift.

Die **Tamang** sind Bauern und Handwerker, vor allem rund um das Kathmandu-Tal. Sie sprechen eine tibeto-birmanische Sprache und sind Buddhisten.

Nördlich von Pokhara prägen die sorgfältig gebauten Wege und die gepflegten Dörfer der **Gurung** das Bild. Sie sprechen eine tibeto-birmanische Sprache und sind – ursprünglich Buddhisten – heute oft Hindus.

Die überwiegend hinduistischen **Magar** leben an den Südhängen unterhalb der Gurung.

-Pa (tibetisch »Volk«) ist Bestandteil des Namens zahlreicher Stämme im Hochgebirge: **Manang-Pa** sind die

Indischer Obsthändler

Einwohner Manangs, erfahrene Händler und Schmuggler. Die **Lo-Pa** leben in Mustang, seit dem 14. Jh. von der gleichen Königsdynastie regiert, der auch heute noch eine gewisse Autonomie zugestanden wird. **Sherpa** sind die »Ost-Leute«, die etwa ab 1530 von Tibet kommend das Gebiet von Khumbu (südwestlich des Mt. Everest) besiedelten (s. auch S. 89).

Der Familienname bezeichnet entweder die Kaste oder den Volksstamm

Die Inder

Die Grenze nach Indien ist offen. Tausende von Nepali arbeiten in Indien, noch größer aber ist die Zahl der – häufig unbeliebten – Inder, die in Nepal leben und arbeiten: Viele ließen sich illegal im Terai als Bauern nieder und versuchen sogar, die nepalische Staatsbürgerschaft zu erlangen. In den Städten leben Zehntausende indischer Hilfsarbeiter. Viele indische Geschäftsleute haben in Kathmandu Souvenirgeschäfte, Restaurants, Hotels und Buchhandlungen eröffnet – die Gewinne gehen dem Land verloren, werden v. a. nach Indien transferiert.

(jeder Tamang heißt mit Nachnamen Tamang). Manche Volksstämme sind wiederum in Kasten gegliedert (den Nachnamen Newar gibt es nicht, man verwendet den Kastennamen).

Hinduistische Kasten

Hindus unterteilen sich in vier Hauptkasten und zahlreiche Untergruppen: **Brahmanen** (in Nepal **Bahun**) sind ursprünglich Priester, heute oft Geschäftsleute oder Beamte. **Kshatriya** (in Nepal **Chhetri**, was meist auch der Familienname ist), einst die Kaste der Könige und Krieger, sind heute Bauern, Angestellte oder Geschäftsleute. Die Kaste der **Vaishya** (Händler, Bauern) gibt es in Nepal nicht. Die **Sudras** sind in zahllose Berufskasten gegliedert: Auf der untersten Stufe stehen die Straßenfeger und alle, die mit toten Tieren zu tun haben (Metzger, Schuster u. a.). Auch die Schneider stehen an so niedriger Position, dass der Nachname fast schon ein Schimpfwort ist und viele sich heute einen neuen Familiennamen zugelegt haben.

Die hinduistischen Kastenregeln sind so tief in der Mentalität der Menschen verankert, dass sie auch in den anderen Religionen Anwendung finden: Auch ein Sherpa, für den als Buddhist ja alle Menschen gleich sein sollten, würde niemals in der Wohnung eines Schuhmachers essen; und selbst bei den konvertierten Christen sind die Führungspositionen überwiegend von ehemals höherkastigen Hindus besetzt.

Sitten und Gebräuche

Unendlich scheint die Zahl der Verhaltensvorschriften zu sein. Doch der Nepali akzeptiert, dass der ausländische Besucher nicht alle kennen kann.

Einige aber sind so wichtig und allgemein gültig, dass Sie Ihren Gastgebern mit deren Beachtung Respekt bezeugen können.

Die linke Hand gilt als unrein; man isst daher ausschließlich mit der rechten. Geschenke überreicht man mit beiden Händen – sie werden aber nicht in Gegenwart des Schenkenden ausgepackt.

Vor dem Betreten von Wohnungen, Tempeln und Klöstern zieht man die Schuhe aus – an Heiligtümern geht man übrigens immer links vorbei. Wenn man eingeladen ist, sollte man sich niemals selbst bedienen, nie anderer Leute Essen berühren oder vom eigenen anderen anbieten. Schmatzen und Schlürfen ist sogar erwünscht – ist nichts zu hören, scheint das Essen nicht zu schmecken.

Vermeiden Sie, Ihre Fußsohlen auf irgendjemanden zu richten – auch nicht auf Götterstatuen. Kein Nepali würde auf etwas Gedrucktes, Geschriebenes oder gar auf ein Foto treten.

Der Kopf als heiligster Körperteil darf nicht ohne Grund berührt werden. Unhöflich ist es, mit dem ausgestreckten Finger auf eine Person zu zeigen. Wollen Sie jemanden heranrufen, drehen Sie die Handfläche nach unten und wedeln mit den Fingern (was im Westen Wegscheuchen bedeuten würde).

Der Austausch von Zärtlichkeiten ist in der Öffentlichkeit selbst unter Ehepaaren tabu. Gleichgeschlechtliche Berührungsängste gibt es hingegen nicht – Frauen umarmen einander, Männer gehen Hand in Hand.

Ihre Kleidung sollte Knie und Schultern bedecken, Frauen zeigen keine nackten Beine, Männer gehen nicht ohne Hemd. Fotografieren Sie mit Respekt – dazu gehört auch, die Menschen um Erlaubnis zu fragen, bevor man sie ablichtet.

Sprache

Die Einwohner Nepals sprechen mindestens 32 mehr oder weniger eigenständige Sprachen, die sich den beiden großen Gruppen indo-europäisch und tibeto-birmanisch zuordnen lassen. Die Staatssprache *Nepali* ist zugleich Muttersprache für etwa die Hälfte der Einwohner. Sie gehört zu den indo-europäischen Sprachen und ist mit dem Sanskrit verwandt. Die Schrift ist *Devanagari* (in der auch die indische Nationalsprache geschrieben wird). Die Sprache ist hoch entwickelt, von der grammatikalischen Komplexität dem Deutschen oder Französischen vergleichbar. Die korrekte Aussprache ist aufgrund von 36 verschiedenen Konsonanten relativ schwierig zu erlernen.

Die Umsetzung in unsere Schrift ist nicht eindeutig reglementiert, ein nasales a z. B. kann als *a*, *ā* oder *an* umschrieben werden. Insofern ist Wishnu oder Vishnu genau so korrekt wie Bishnu, auch zwischen Bhairav und Bhairab besteht kein Unterschied.

Begrüßung

»Namaste« begrüßt man sich zu jeder Tageszeit, legt dabei die Handflächen vor der Brust zusammen. Je höher die gefalteten Hände gehalten werden, desto mehr Respekt drückt man wichtigen Personen gegenüber aus. Heute ist aber in den Städten auch das Händeschütteln weit verbreitet, und auch ein freundliches Lächeln und ein leichtes Kopfnicken reichen meist aus.

Wolle für die Teppichknüpferei wird gesponnen

Wirtschaft

Mit einem statistischen Pro-Kopf-Einkommen von etwa 160 US $ pro Jahr ist Nepal eines der ärmsten Länder der Welt. Über 80 % der Bevölkerung sind in der Landwirtschaft beschäftigt und ringen auch dem steilsten Hang noch Anbaufläche ab – in den Bergen Nepals gibt es etwa 450 000 ha Terrassenfelder. Angebaut werden je nach Höhenlage und Jahreszeit Reis (bis 2000 m), Mais, Weizen und Gerste, Hirse und Raps. Kartoffeln wachsen bis über 4000 m, wo ansonsten nur noch Viehzucht möglich ist.

Die Erträge könnten eigentlich die gesamte Bevölkerung ernähren, aufgrund unzureichender Lager- und Transportmöglichkeiten leiden jedoch in den Bergen, vor allem im äußersten Westen, viele Leute unter permanentem Mangel. Trotz der guten Absichten der Landreform von 1964 ist der Landbesitz immer noch sehr ungleich verteilt: 9 % der Bevölkerung besitzen mehr als die Hälfte des Bodens.

Nepals Industrie (v. a. im Kathmandu-Tal und im Terai) beschäftigt wenig mehr als 1 % der Bevölkerung. Die meisten Waren müssen importiert werden. Wichtigster Handelspartner ist Indien, gefolgt von China.

Wichtigste Devisenbringer sind Tibeter-Teppiche, Kleidung (und Leder) sowie Tourismus und Entwicklungshilfe.

Staatsform und Verwaltung

Durch die Revolution (s. S. 21) hat sich alles geändert – und doch nicht viel. Seit 1990 ist Nepal eine konstitutionelle Monarchie, sind Parteien zugelassen, gibt es eine Verfassung nach westlichem Muster und ein gewähltes Parlament – aber die persönlichen Interessen sind so mächtig, die Strukturen so festgefahren, dass manche sagen, außer ein paar Namen und Gesichtern habe sich nicht viel geändert. Auch mehrfache Neuwahlen und durchaus unterschiedliche Wahlprogramme einzelner Parteien bewirkten nichts.

Nach Jahrhunderten von Monarchie und Oligarchie waren die Nepali kaum

Der König

Der König, Shri Panch Maharajdhiraj Birendra Bir Bikram Shah Dev (geb. 1945), studierte in England, bevor er 1972 den Thron bestieg. Er gilt als Inkarnation des Gottes Vishnu, und obwohl er durch die Anti-Königs-Kampagnen der Revolution viel von seinem göttlichen Status verlor, verehrt ihn das einfache Volk noch immer, hängen Bilder des königlichen Paares, das drei Kinder hat, in vielen Geschäften und Büros. Das neue Nepal hat ihm nur repräsentative Aufgaben und Kompetenzen gelassen.

auf die Demokratie vorbereitet, und auch heute wissen viele nicht, was genau damit gemeint ist. Demokratie ist für die einen das Zauberwort zur Lösung aller Probleme, für andere eher der Freibrief zur Durchsetzung eigener Interessen. Es ist die Regel, dass ein ganzes Dorf geschlossen die gleiche Partei wählt, abhängig von den Vorlieben des Grundbesitzers oder Bürgermeisters oder davon, welcher Kandidat die schönsten Feste veranstaltet oder die meisten Wasserbüffel verschenkt.

Die Parteien

Wie in Indien stellt man der schreibunkundigen Bevölkerung (55 %!) die einzelnen Parteien durch Symbole dar (Fisch, Schirm, Sonne, Pflug usw.), die vom Wahlkampf bis zu den Stimmzetteln überall Verwendung finden. Dabei sind die Symbole so sehr zu Synonymen geworden, dass man selbst im englischsprachigen Wahlkampf (der sich also an die gebildetere Bevölkerung richtet) die Symbole verwendet und nicht die Parteinamen: »Vote for Umbrella.«

Viele der etwa 20 Parteien sind kleine Splittergruppen, die sich trotz häufiger Versuche nie auf eine gemeinsame Richtung einigen können. Die stärksten Parteien sind der von seiner indischen Schwesterpartei unterstützte Congress und die NCP (Nepal Communist Party), eine der gemäßigten kommunistischen Parteien. Das Parlament bilden 205 vom Volk direkt gewählte Abgeordnete, diese wählen die 60 Mitglieder des Oberhauses.

Verwaltung

Die Verwaltung ist geprägt von Ineffizienz und Korruption. Die meisten Probleme, für die man 1990 das alte Panchayat-System (s. S. 21) verantwortlich machte, haben auch die gewählten Regierungen nicht aus der Welt schaffen können: Ein viel zu großer Staatsapparat lebt v. a. vom Nichts-Tun; Ergebenheit dem Vorgesetzten gegenüber wird weit mehr honoriert als Fleiß und Eigeninitiative; und jeder versucht, die niedrigen Gehälter »unter dem Tisch« aufzubessern, so dass jede Bescheinigung oder Genehmigung mehr Geld kostet als die offiziellen Gebühren. (Als Tourist ist man davon kaum betroffen. Visum und Trekking-Permit werden problemlos ausgestellt; andere Kontrollen sind selten.)

Steckbrief

- **Fläche:** 147 181 km²
- **Einwohner:** 23 Mio. Eines der wenigen Länder, in denen es mehr Männer als Frauen gibt. Etwa die Hälfte aller Nepali ist unter 16 Jahre alt.
- **Inflation:** ca. 8 %
- **Armut:** 50 % der Kinder leiden an Mangel- oder Unterernährung, die Säuglingssterblichkeit liegt bei 8 %. Die Lebenserwartung beträgt 54 Jahre. 93 % der Haushalte behandeln ihr Trinkwasser nicht. Auf einen Arzt kommen fast 25 000 Einwohner (in Deutschland 335). Im ganzen Land gibt es nur etwa 5000 Krankenhausbetten. Nur 71 % aller Kinder werden jemals zur Schule angemeldet; nur 40 % besuchen die Schule bis zur 5. Klasse.
- **Abfall:** Kathmandu produziert tgl. 300 t Abfall. Nur etwa die Hälfte davon wird vom Müllprojekt beseitigt. Der Rest fliegt zum großen Teil in die Flüsse und an deren Ufer.

Geschichte im Überblick

Ca. 700 v. Chr.–300 n. Chr. beherrschen die Kiranti das Tal, ein mongolisches Volk umstrittener Herkunft. Im 3. Jh. v. Chr. soll der indische Kaiser Ashoka, ein großer Förderer des Buddhismus, das Tal besucht und in Patan die fünf Stupas errichtet haben, die noch heute nach ihm benannt werden. Indische Chroniken weisen Kathmandu schon zu dieser Zeit als einen wichtigen Handelsplatz aus. **300–879 n. Chr.** herrschen die Lichchhavi, die, aus Indien kommend, das Kiranti-Reich eroberten. Sie brachten den Hinduismus mit. **879–ca.1200 n. Chr.** bilden sich im Tal kleine Fürstentümer. Der Handel floriert, Religion und Kunsthandwerk entwickeln sich weiter, und Kathmandu wird zu einem wichtigen buddhistischen Zentrum. **1220–1768** ist die Zeit der Malla-Könige. Die Blütezeit beginnt Ende des 14. Jhs. mit einem Außenseiter, der die Kronprinzessin von Bhaktapur heiratet und als Jayasthiti Malla das ganze Tal unter seine Herrschaft bringt. Er fördert den Hinduismus, verfestigt das bestehende Kastensystem, erlässt Regeln und Vorschriften auch für das Privatleben der Einwohner und begründet die Tradition, dass der König Nepals – bis auf den heutigen Tag – als eine lebende Inkarnation des Gottes Vishnu verehrt wird. Yaksha Malla (1428–1482) ist einer der bedeutendsten Könige Nepals. Er entwickelt den Tibet-Handel, fördert die Künste, stiftet oder renoviert zahlreiche Heiligtümer beider Religionen. Er vererbt sein Reich an seine drei Kinder gemeinsam, die sich aber bald zerstreiten und das erst seit einem Jahrhundert vereinte Tal wieder aufteilen.

300 Jahre Konkurrenzkampf zwischen den drei Königreichen Kathmandu, Patan und Bhaktapur fördern die Künste: Die drei Städte versuchen sich ständig zu übertrumpfen. So werden die Plätze vor den Palästen mit immer feineren Tempeln gefüllt, die Residenzen selbst immer reicher verziert. Das Kapital stammt zum einen aus den reichen Erträgen der Landwirtschaft, zum anderen aus dem Tibet-Handel: Die Karawanen zwischen Indien und Tibet werden kräftig besteuert. Und schließlich war man nicht nur Transitland, sondern handelte auch selbst, viele der Statuen in den Klöstern Tibets wurden in Nepal hergestellt.

Ab 1768 herrscht die Shah-Dynastie. Der König von Gorkha (s. S. 81), Prithvi Narayan Shah, sichert sich zunächst von außen die Kontrolle über die Handelsroute nach Tibet, bevor er nach langen Kämpfen 1768 die Herrschaft über Kathmandu und bald auch über den Rest des Tales übernimmt. In kürzester Zeit bringt er Nepal auf ungefähr seine heutige Größe. Seine Nachfolger setzen die Eroberungspolitik fort. Als das Reich fast die doppelte Größe erreicht, erklären die Briten, unter deren Herrschaft große indische Gebiete stehen, Nepal den Krieg. Nepal verliert und muss sich im Vertrag von Segauli 1816 ungefähr auf die heutigen Grenzen beschränken lassen. Die Briten verzichten darauf, aus Nepal eine weitere Kolonie zu machen, bestehen aber darauf, dass Kathmandu einen permanenten britischen Vertreter akzeptiert, der fortan am Rande der Stadt residiert – ohne politische Macht und ohne das Tal verlassen zu dürfen. **1846–1951** sind die Ranas an der Macht, die Könige nur göttlich verehrte Schattenfiguren im Hintergrund, mehr oder weniger unter Hausarrest. Jung Bahadur Kunwar, der sich erst später den Nachnamen Rana zulegt, begründet die Herrschaft, indem er 1846 im berüchtigten Kot-Massaker fast die gesamte Oberschicht und kurz darauf den König ermorden lässt. Durch geschickte Heiraten konsolidierte er seine Macht, bevor er für ein Jahr nach England und Paris reiste. 100 Jahre lang betrachten die Ranas das Land ohne jegliche Rücksicht auf die Bevölkerung als Privatbesitz. Sie bauen keine Schulen und keine Straßen, es gibt keine medizinische Versorgung. Dafür entstehen etwa 100 große Stuckpaläste in einem nach ihren Europakontakten entwickelten ganz eigenen Baustil, u. a. der Singha Durbar (heute Regierungssitz), seinerzeit eine der größten Privatresidenzen Asiens. Die Ranas lassen für die wenigen kurzen Straßenstücke im Tal sogar Autos importieren: Diese wurden von Indien über die Berge nach Kathmandu getragen. **1950** setzt sich König Tribhuvan als Erster über das alte Tabu hinweg, dass ein regierender König Nepals sein Land nicht verlassen dürfe, und flüchtet mit Hilfe der kurz zuvor gegründeten *Nepali Congress*-Partei nach Delhi. Innenpolitische Probleme und der Druck der indischen Regierung zwingen die Ranas, den König wieder an die Macht zu lassen. 1951

kehrt er zurück, 1952 gibt es erste Wahlen, die Verfassung orientiert sich an der englischen. Das Land öffnet sich nach außen, die ersten Touristen und Expeditionen kommen, 1953 wird der Mt. Everest erstmals bestiegen.
1955 stirbt König Tribhuvan in einem Schweizer Krankenhaus, und sein ältester Sohn Mahendra übernimmt die Macht. Nach 10 Regierungen in nur 7 Jahren ruft er 1959 den Notstand aus, löst die Regierung auf, verbietet alle Parteien und führt 1961 das *Panchayat*-System ein, ein Rätesystem, die so genannte parteilose Demokratie.
1972 besteigt nach Mahendras Tod sein Sohn Birendra den Thron. Proteste gegen das *Panchayat*-System werden häufiger, und der König lässt ein Referendum abhalten, das 1980 sehr knapp das *Panchayat*-System bestätigt, doch die Proteste gehen weiter. Als 1989 Indien ein Embargo verhängt, verknappen sich die Güter, und die verbotenen Parteien gehen wieder an die Öffentlichkeit.
1990 demonstrieren im April 200 000 Nepali. Die Polizei eröffnet das Feuer, man schätzt die Zahl der Toten auf 300. So viel Gewalt schockiert das friedliche Land, und wenige Tage später ist der König bereit, einzulenken: Die Parteien werden legalisiert, eine Übergangsregierung gebildet, eine neue Verfassung tritt im November in Kraft. Seitdem wechseln sich Minderheits- und Koalitionsregierungen munter ab – bisher war noch keine Regierung eine volle Amtszeit an der Macht.

Religionen und Feste

Hinduismus und Buddhismus sind ineinander verwoben, in vielen Tempeln wird eine Statue unter verschiedenen Namen von Anhängern beider Religionen verehrt. Beide durchdringen und beeinflussen das tägliche Leben, von der Wahl des Namens und dem Verhaltenskodex bis zu den Motiven des Kunsthandwerks und den Bauvorschriften für Häuser.

Buddhismus

In Nepal herrschen **Mahayana**-Buddhismus (Religion des »Großen Fahrzeugs«) und Lamaismus (tibetische Form) vor, die davon ausgehen, dass mit Hilfe mehrerer Buddhas und zahlreicher Götter und Heiliger irgendwann die gesamte Menschheit erlöst werden wird. Fünf Buddhas sind für die fünf Weltzeitalter zuständig: Drei sind bereits vergangen, in unserem jetzigen brachte der historische Buddha die Lehre, während ein weiterer Buddha erst in einem zukünftigen Zeitalter kommen wird. Die zahlreichen Götter und Schutzpatrone, die es in der ursprünglichen Lehre nicht gab, sind überwiegend historisch begründet: Wenn der Buddhismus neue Gegenden erreichte, konnte er sich oft nur durchsetzen, wenn er die dort existierenden Götter und Zeremonien integrierte. Andere göttlich verehrte Heilige sind historische Persönlichkeiten: Gründer wichtiger Orden oder Übersetzer heiliger Schriften. *Bodhisattvas* (allen voran Avalokiteshvara) sind Menschen, die die Erleuchtung erlangten und aus dem Kreislauf der Wiedergeburt ausgeschieden wären, die aber weiterhin (als Heilige) in der Welt bleiben, um auch anderen Lebewesen zu helfen, dieses Ziel zu erreichen.

Hinduismus

Hunderttausende von Göttern sind verwirrend, und doch sind sie alle nur unterschiedliche Aspekte der gleichen Idee. **Brahma** ist nicht nur einer der höchsten Götter, sondern zugleich eine abstrakte Einheit, die über allen Göttern steht und einst das Universum und die Welt erschaffen hat. Diese schwebt in einem labilen Gleichgewicht zwischen Ordnung und Chaos. *Dharma* ist die Ordnung des

Millionen von Göttern?

Stellen Sie sich den Götterhimmel als Pyramide vor: An der Spitze steht **Brahma,** das abstrakte Göttliche, das alle anderen Erscheinungsformen bereits in sich enthält. Dieses göttliche Prinzip teilt sich in drei personifizierte Götter auf: **Brahma,** den Schöpfer, **Vishnu,** den Bewahrer, und **Shiva,** den Zerstörer.

Der Rest des Pantheons lässt sich auf diese drei zurückführen: Die verschiedenen *Aspekte* eines Gottes werden als eigenständige Götter verehrt: Als *shakti* (weiblicher Aspekt) von Shiva wird seine Ehefrau **Parvati** verehrt, Vishnu hat seine **Lakshmi.** Jeder Gott wiederum hat einen Furcht erregenden und einen freundlichen Aspekt: **Bhairav** *ist* Shiva (in seiner Furcht erregenden Form) und **Durga** *ist* Parvati.

Universums und zugleich der Sinn und Zweck jedes einzelnen Teils darin – sei es Mensch, Tier, Baum oder Stein. Jedes Mitglied des Universums soll durch seine Taten *(karma)* darauf hinwirken, dass die Ordnung erhalten bleibt. Dem Dharma entsprechendes Handeln hat gutes Leben und die Wiedergeburt in eine bessere Existenz zur Folge; wer aber dem Dharma zuwider handelt, wird leiden – durch Unglück und Krankheit im jetzigen Leben oder durch Wiedergeburt in eine niedrige Kaste oder sogar als Tier.

Aus westlicher Sicht ist es schwer zu verstehen (und wird dann oft als Fatalismus interpretiert), dass »gutes« Handeln nicht so wichtig ist wie *angemessenes* Handeln: Wenn

z. B. ein armer Schmied im Lotto gewinnt, ein Geschäft eröffnet, dadurch seine Familie gut ernähren, alle seine Kinder zur Schule schicken und großzügig an die Armen spenden kann, würden wir das für einen Erfolg und ihn für einen guten Menschen halten. Seinem Seelenheil hätte er aber nach hinduistischem Verständnis keinen Gefallen getan; denn seinem Dharma wäre es angemessen, als Schmied zu arbeiten, und nicht, Handel zu treiben.

Auch die zahlreichen Zeremonien, die täglichen kleinen Opfer und die verschiedensten religiösen Verpflichtungen sind in diesem Zusammenhang zu verstehen: Zum einen gehört es zum Dharma einer bestimmten

Von *Inkarnation* spricht man, wenn ein Gott zu einem bestimmten Anlass in menschlicher oder tierischer Form auf die Welt kam. Vor allem Vishnu wurde viele Male geboren, um die Menschheit vor Bösem zu bewahren. Auch dies sind wiederum nur Erscheinungsformen dieses einen Gottes: **Krishna** ist Vishnu, **Rama** ist Vishnu.

Götter werden recht menschlich gesehen: Sie heiraten und haben Kinder. Der elefantenköpfige **Ganesh,** der wohl meistverehrte Gott im Kathmandu-Tal, ist der Sohn von Shiva und Parvati – und er ist nur eine spezielle Form des Zerstörerischen (Shiva): Er beseitigt Hindernisse und Widrigkeiten und ist damit im positiven Sinne zuständig für Glück, Gesundheit und geschäftlichen Erfolg.

Götter werden an bestimmten Orten oder in bestimmten Situationen anders benannt: Vishnu heißt auch **Narayan,** Shiva wird auch als **Maheshwar, Rudra** oder **Pashupati** verehrt. Kali ist ein anderer Name für Durga. Zu jeder Inkarnation, zu jedem Sohn und zu jeder abweichenden Namensgebung kann es wieder verschiedene »Ehefrauen« geben und von diesen Kinder; und für diese gibt es wieder unterschiedliche Aspekte, Inkarnationen und Namen:

So gehen die Millionen von Göttern letztendlich alle auf das eine Göttliche zurück. »Kali-als-sie-den-Büffeldämonen-erschlug« ist nichts anderes als Durga, diese wiederum der Furcht erregende Aspekt von Parvati, die der weibliche Aspekt von Shiva ist, welcher der zerstörerische Aspekt des Brahma ist – womit wieder die Spitze der Pyramide erreicht wäre.

Shiva-Linga mit vier Gesichtern

Der Davidsstern ist das Symbol der Göttin Saraswati

Volksgruppe, einem bestimmten Gott in einer bestimmten Form Opfergaben darzubringen; zum anderen bringt man Opfer, wenn jemand in der Familie erkrankt ist oder eine geschäftliche Pechsträhne nicht abreißen will – denn dann muss man seinem Dharma unwissentlich zuwider gehandelt haben.

Die Götter

Den meisten Göttern sind spezielle Symbole zugeordnet, und auch das Reittier, das den Gott begleitet und oft vor dem Tempel steht, hilft bei der Identifizierung.

Shiva wird nur selten als Statue dargestellt (mit Doppeltrommel und Rosenkranz); im Zentrum der meisten Tempel findet man nur den *Linga,* eine abgerundete Steinsäule, das Symbol seiner männlichen Schöpfungskraft; denn durch Zerstörung schafft er die Voraussetzungen zu neuem Entstehen und ist dadurch nicht nur Zerstörer, sondern auch Schöpfer. Neben vielen seiner Tempel steht der Dreizack *(trisul),* und vor dem Tempel liegt anbetend der Stier *nandi.* Seine Frau ist **Parvati.**

Vishnu ist in den verschiedensten Formen zu erkennen an Muschel, Lotos und Diskus. Seine wichtigsten

Inkarnationen sind Krishna, Rama, Narasimha, Dattatreya, aber auch Buddha und der nepalische König. Vor seinen Tempeln kniet der geflügelte *Garuda.* Vishnus Frau **Lakshmi** ist die Göttin des Lichts und des Reichtums.

Ganesh (s. S. 23) trägt einen Elefantenkopf über einem dicken Menschenkörper. Sein Reittier ist die *Ratte.*

Hakenkreuz – Davidstern

Hakenkreuz und Davidstern, in Europa unter ganz anderer – unheilvoller –Bedeutung bekannt, sieht man in Nepal v. a. an Tempeln und Schulen. Sie sind im ganzen indo-europäischen Raum seit frühester Zeit verbreitet. Die Swastika (Hakenkreuz) erscheint als Symbol des Glücks schon in der Industal-Kultur von Mohenjodaro und Harappa (2500–1500 v. Chr.), wurde in Europa erst seit Beginn des 20. Jhs. als faschistisches Symbol missbraucht. Das Hexagramm (Sechsstern, Davidstern) ist im hinduistischen Kulturkreis das Symbol von Saraswati, der Göttin des Lernens; in Europa seit dem 19. Jh. Symbol des Judentums.

Saraswati ist die Göttin der schönen Künste und des Lernens. Sie hält eine Sitar. Ihr Symbol ist der *Davidsstern*, der über dem Eingang vieler Schulen abgebildet ist.

Bhairav (s. S. 22) erscheint als große Maske oder als Statue mit einer Halskette aus menschlichen Schädeln. »Schrecklich« ist er nur für schlechte Menschen, Dämonen und böse Geister – die guten Menschen beschützt er.

Taleju ist eine Form der Durga (die wiederum den Furcht erregenden Aspekt von Parvati darstellt), die etwa im 14. Jh. aus Indien kam und zur Hausgöttin der Malla-Könige wurde.

Kumari ist die lebende Göttin, ein kleines Mädchen aus der Kaste der Goldschmiede. Kumaris der einzelnen Stadtteile führen ein normales Leben und treten nur zu bestimmten Festen in Erscheinung. Die königliche Kumari von Kathmandu aber wird »hauptberuflich« zur Göttin und bleibt dies so lange, bis sie in irgendeiner Form Blut verliert: Spätestens mit der Pubertät kehrt sie also ins bürgerliche Leben zurück, und eine neue Kumari wird bestimmt.

Feste und Zeremonien

Die ethnische und religiöse Vielfalt Nepals findet ihren lebendigen Ausdruck in den zahlreichen Festen. Mache werden regional, manche im Kathmandu-Tal, manche in ganz Nepal gefeiert. Die meisten Feste richten sich nach dem Mondkalender; die genauen Termine erfrage man vor Ort.

Januar/Februar

▌ **Shri Panchami** (Jan./Feb.) ist der Tag der Götter des Lernens; für Buddhisten ist dies Manjushri, für Hindus Saraswati, an deren Heiligtum auf

Opfergaben

dem Hügel von Swayambhu Schulkinder schon ab dem frühen Morgen beten und ihre Bücher und Stifte segnen lassen.

▌ **Shivaratri** (Feb./März), die »Nacht des Shiva«, zieht am Pashupatinath-Tempel Tausende von Pilgern – auch aus ganz Indien – an.

▌ **Losar** (Feb.), das Neujahrsfest der Tibeter und Sherpa, wird um den Neumond eine Woche lang v. a. in Boudhanath gefeiert.

März/April

▌ **Holi** (März/April): Die Ehrung Krishnas ist vor allem bunt. In den ersten Tagen werfen Kinder wassergefüllte Luftballons auf die Passanten. Am Vollmondtag wird rotes Farbpulver geworfen oder ins Gesicht gerieben, später am Tag nehmen die Jugendlichen auch Ölfarbe oder Schmieröl. Also entweder im Hotelzimmer bleiben oder in alter Kleidung mitmachen.

▌ **Sheto Machhendranath Rath Jatra** (April): Schon Tage vorher kann man auf dem Durbar Marg den Bau des großen Prozessionswagens mit seinen riesigen Holzrädern beobachten. Am ersten Tag verlässt gegen 17 Uhr die Kumari ihren Palast (und darf dann fotografiert werden) und besucht den Taleju-Tempel, zugleich wird der Weiße Machhendranath aus

Der Prozessionswagen des Bhairav wird anlässlich von Bisket Jatra durch Bhaktapur gezogen

Die goldene Bhairav-Maske am Hanuman-Dhoka-Platz: nur zum Indra-Jatra-Fest ohne Gitter

seinem Tempel (s. S. 44) zu seinem Wagen getragen. Dieser wird Richtung Altstadt gezogen. Jeden Abend wird gefeiert, jeden Nachmittag geht die Fahrt ein Stückchen weiter. Nach mindestens drei, manchmal aber bis zu acht Tagen erreicht er Lagan Tole, einen kleinen Platz südlich des alten Palastes; dort muss der große, ungelenke Wagen am nächsten Tag den Tempel der Mutter des Gottes dreimal umkreisen.

▮ **Bisket Jatra** (Mitte April, die 4 letzten Tage des Jahres nach dem nepalischen Kalender): In Bhaktapur werden die Götter Bhadrakali und Bhairav in zwei Prunkwagen durch die Stadt gezogen; am letzten Tag wird ein 20 m hoher Baum aufgerichtet und am nächsten Tag wieder umgeworfen.

▮ **Raato Machhendranath Rath Jatra** beginnt Ende April und dauert mehr als zwei Monate. Der Rote Machhendranath, der teils in Patan, teils in Bungamati residiert (s. S. 70), wird

auf dem größten aller Prozessionswagen Nepals durch Patan gefahren, rastet in den einzelnen Ortsteilen mehrere Tage oder auch Wochen. Das Ende des Festes sollte mit dem Beginn des Monsuns zusammenfallen und wird erst kurz vorher berechnet.

Mai

▮ **Buddha Jayanti:** In der Vollmondnacht wird an allen buddhistischen Heiligtümern Buddhas Geburtstag gefeiert, vor allem in Swayambhunath. Alle Stupas und Gompas (Klöster) werden geschmückt, nachts brennen Tausende von Öllampen. Am folgenden Morgen kommen die Gläubigen zu Gebeten und Opfern, gegen Mittag vollziehen die Mönche in ihrer prunkvollen Kleidung Zeremonien. In Swayambhunath werden seltene alte Thangkas ausgestellt.

September/Oktober

▮ **Indra Jatra** (Sept.): In der Umgebung des alten Palastes in Kathmandu wird das Fest für Indra, den König des Reiches der Götter, gefeiert. Zugleich wird der Toten gedacht und Gott Bhairav geehrt. Die königliche Familie ist anwesend, wenn die lebende Göttin Kumari ihren Palast verlässt und auf einem Prozessionswagen durch die Stadt gezogen wird. Maskentänze, Prozessionen und die farbenfrohe Kleidung der einheimischen Zuschauer machen die Feier zu einem Augenschmaus; und nur während dieses Festes wird das Gitter vor der gigantischen goldenen Bhairav-Maske am Hanuman-Dhoka-Platz entfernt.

▌Dasain (Okt.): Zehn Tage lang wird das wichtigste und beliebteste Fest Nepals zu Ehren der Göttin Durga gefeiert. Alle Häuser werden geputzt, man kauft neue Kleidung, und jeder möchte zu seiner Familie nach Hause fahren. (Busse sind auf Tage hinaus ausgebucht.) In den Dörfern vergnügen sich die Kinder auf großen Bambus-Schaukeln oder hölzernen Riesenrädern, überall lässt man Drachen steigen, und in den Städten (vor allem Patan) finden abends Maskentänze statt. Am 7. Tag des Festes (das ist in der Regel der 5. Tag in der Serie von staatlichen Feiertagen) nimmt der König auf dem Tundikhel eine große Militärparade ab, und ein Korb voller Blüten und Früchte aus Gorkha, Heimatstadt der königlichen Vorfahren, wird in einer Prozession zum alten Palast gebracht. Am Abend des achten Tages beginnen um Mitternacht die Tieropfer und setzen sich den ganzen folgenden Tag fort; Hunderte von Wasserbüffeln und Ziegen werden am großen Taleju-Tempel und gegenüber im Armeehof neben der Polizeistation (auch für Touristen zugänglich) geopfert. Mit dem Blut segnet man Waffen und Arbeitsgeräte, Motorräder und Autos, ja sogar

Flugzeuge, und schützt sich so für das kommende Jahr vor Unfällen. Am 10. Tag möchte jeder seine älteren Verwandten besuchen, um mit der *tika,* dem roten Punkt auf die Stirn, ihren Segen zu erhalten; lange Schlangen stehen vor dem neuen Palast, wo der König dem Volk diesen Segen erteilt.

Tipp Am Morgen des Opfertages öffnet das Polizeipräsidium die Balkone am nördlichen Treppenhaus für Touristen und ermöglicht so beste Aussicht auf die Zeremonien im Hof der Armee.

▌Tihar (2 Wochen nach Dasain): Am ersten Tag streut man den Krähen, den Botschaftern Yamas, des Herrn des Todes, Reis auf die Straße. Am zweiten Tag füttert man die Hunde, Repräsentanten Bhairavs, und bedenkt sie mit Blütenkette und *tika.* Am 3. Tag ehrt man die Kühe und feiert abends das Fest Lakshmis, der Göttin von Glück und Wohlstand; alle Häuser sind mit Öllampen oder Lichterketten geschmückt. Am 4. Tag beten die Newari um Selbsterkenntnis, die sie dem Nirvana näher bringen soll. Zugleich feiern sie mit einer Fahrzeugprozession den Neujahrstag des newarischen Kalenders. Der 5. Tag ist *Bhai-Tika* (»Tika des kleinen Bruders«), an dem jeder männliche Nepali seine Schwester(n) besucht und für das kommende Jahr gesegnet wird.

▌Haribodhini (Okt./Nov.): An allen Vishnu-Tempeln (v. a. Budhanilkantha und Changu Narayan) wird die Rückkehr Vishnus gefeiert, der vier Monate lang unter der Erde ausgeruht hatte. Während seiner Abwesenheit konnte niemand heiraten, und von nun an sieht man fast täglich Hochzeitsprozessionen.

Kultur gestern und heute

Im Kathmandu-Tal führten die Newar Architektur und Steinmetzkunst sowie Holz- und Metallverarbeitung zu nie erreichten Höhen. An den großen Handelsrouten ansässig, nahmen die Künstler bereitwillig indische Einflüsse auf und gaben ihre Errungenschaften weiter: Der Typ des Pagodentempels wurde in Nepal entwickelt und verbreitete sich bis nach Japan; die meisten Statuen in den Klöstern Tibets wurden von Künstlern aus Patan hergestellt.

Steinmetzkunst

Steinmetze schufen unzählige Statuen, verzierte Säulen, filigran geschmückte Chaityas, reich ausgestattete Brunnenanlagen und Tausende von Shiva-Lingas. Schon früh schufen sie vom indischen Gupta-Stil beeinflusst wahre Meisterwerke. Noch heute zählen einige der Statuen aus der Lichchhavi-Zeit zu den beeindruckendsten Kunstwerken des Tales. Heute gibt es kaum noch gute Steinmetze, da außer für eine gelegentliche Tempelrestaurierung fast kein Bedarf besteht.

Metallverarbeitung

Sie reicht vom gehämmerten Wasserkrug aus Kupferblech bis zur vergoldeten Statue im Tempel. Vor allem die Statuen aus Patan zählen zu den besten der Welt. Zunächst meist aus

Bronze, wurden sie später häufiger aus Messing hergestellt. Ihren Höhepunkt erreichte die Kunst im 14.–16. Jh, aber auch heute werden noch exquisite Werke produziert. Noch immer wendet man die Technik der verlorenen Form an: Die Figur wird in Wachs geformt und mit Ton verkleidet; das Wachs wird dann ausgeschmolzen und der Hohlraum mit dem flüssigen Metall ausgegossen (dabei führt man einen Tonkern ein, so dass die Statue hohl bleibt.) Ist die Statue vom Ton befreit, wird gefeilt und poliert, vergoldet oder bemalt, bei kostbaren Stücken werden Halbedelsteine eingesetzt.

Malerei

Da es keine Tradition von Theater oder Schattenspiel gibt, war auch die Malerei eine wichtige Technik, um Götter und Heilige darzustellen und religiöse Zusammenhänge zu erklären. Götterbilder hängen auch außen am Tempel, Glückssymbole im Privathaus, Bilder dienen als Objekt einer Meditation und oft als Vorlage für Unterricht und Unterweisung. Sie erzählen Szenen

Welterbe in Nepal

Nepal ist stolz auf acht von der UNESCO zum Weltkulturerbe erklärte Stätten: die Palastplätze in Kathmandu und Patan, die Stadt Bhaktapur, die Stupas von Swayambhunath und Boudhanath, die Tempel von Pashupatinath und Changu Narayan sowie Lumbini, der Geburtsort Buddhas. Als Weltnaturerbe gelten die Nationalparks Chitwan und Everest.

Duftende Opfergaben

aus dem Leben eines Gottes, die Baugeschichte eines Palastes oder auch die Geschichte eines Ordens. **Paubha** heißen diese newarischen Kunstwerke, von denen nur wenige erhalten sind – und diese sind in den Bibliotheken der Klöster verborgen und werden nur zu wichtigen Anlässen gezeigt.

Die **Thangka** (s. auch S. 6/7) ist das tibetische Pendant: In ganz anderem Stil gemalt, dient sie dem gleichen Zweck. Auf vorbehandelter Leinwand entsteht sie mit Farben aus Pflanzen und Wurzeln, aus pulverisierten Steinen und Halbedelsteinen, was ihr eine seidig matte Oberfläche verleiht. Die Farbe für feine Linien oder den Schmuck eines Gottes wird aus pulverisiertem Gold hergestellt. Souvenir-Thangkas werden meist in Temperafarben gemalt – leicht zu erkennen an der glänzenden Oberfläche –, Gold wird durch gelbe Farbe ersetzt.

Holzgeschnitztes Fenster im Palast von Kathmandu

Musik und Tanz

Auch mit Musik und Tanz ehrt man die Götter. **Bhajan** ist eine der wenigen Musikformen, zu denen nicht getanzt wird. Eine Gruppe von Newar-Männern sitzt in einer offenen Halle vor einem Tempel und singt mit Inbrunst heilige Lieder, begleitet von Harmonium, *tabla* (indische Trommeln) und Zimbeln. Religiöse Musik begleitet die **Maskentänzer** vor allem bei den großen Festen im Herbst oder die rituellen Tänze der Priester in den Klöstern der Newar.

Das wichtigste Instrument der **Volksmusik** ist die *madal,* die kleine, vor den Bauch gebundene Trommel. Wenn Träger, Soldaten oder eine Gruppe Jugendlicher abends gemütlich im Dorf beisammensitzen, beginnt einer, einen Rhythmus zu schlagen und eine populäre Melodie zu summen – und bald fallen alle ein: Sehr oft sind dies Stegreiflieder, deren Refrain fast jeder kennt; immer ein anderer Vorsänger erzählt in kurzen Strophen von seinen Erlebnissen, den Refrain singen alle gemeinsam; und bald fangen die Ersten an zu tanzen. Viele der Volksstämme, von den Tharu im Terai bis zu den Sherpa am Everest, haben ihre eigenen, ganz speziellen Tänze, zur Ernte, zur Hochzeit, und zu anderen Anlässen.

Traditionelle Architektur in Holz und Ziegel

Der **Pagodentempel** mit bis zu fünf übereinander aufragenden Dächern wurde in Nepal entwickelt. Auch der **Stupa** zeigt eine ganz typische Form (s. Swayambhunath, S. 61).

Chaitya sind kleine Votivstupas, die ursprünglich immer in buddhistischen Klosterhöfen standen. Erst später wurden sie von Gläubigen, meist in Erinnerung an Verstorbene, auch an anderen Stellen errichtet. Chaityas sind meist schlanker und spitzer als ein Stupa. Oft reich verziert, mit Buddhas an allen vier Seiten, schmücken sie fast jeden Hof und unzählige kleine Plätze, immer exakt nach dem Kompass ausgerichtet.

Eine typische Torana

Feine geschnitzte Dachstreben am Tempel von Changu Narayan

Bahal heißt das typische buddhistische Kloster der Newar – kleine Zentren des religiösen Lebens für die Gemeinde. Heiligtümer und Wohnräume umgeben einen tiefer liegenden Hof, in dessen Mitte ein kleiner Tempel steht. Das Hauptheiligtum liegt dem Eingang gegenüber.

Auch die **hinduistischen Tempel** bilden oft den Mittelpunkt eines quadratischen Hofes; in den Gebäuden rundherum *(sattal)* wohnten Priester und Musiker, die halboffenen Hallen im Erdgeschoss *(pati)* dienten Pilgern und Besuchern als Unterkunft oder wurden für Rituale und die Vorbereitung von Tempelfesten genutzt. Diese Räume sind heute meist durch Holz und Plastik verschlossen und dienen armen Leuten als Wohnung.

Ganz aus Stein erbaut ist der in Nordindien häufige, nach oben spitz zulaufende *Shikhara-Tempel*, während der in Nepal entwickelte *Pagodentempel* eine ähnliche Architektur zeigt wie Paläste und Privathäuser.

In der Kombination aus rötlichen Ziegelsteinen und dunklem Sal-Holz haben es die newarischen Architekten

vorzüglich verstanden, statische Notwendigkeiten mit filigraner Kunst zu kombinieren. Jeder tragende Balken ist reich geschnitzt, die Dachstreben, die das enorme Gewicht der mehrfachen Dächer abstützen müssen, sind so über und über bedeckt mit Göttern und Göttinnen, menschlichen Szenen und floralen Details, dass sie ganz leicht und zierlich erscheinen.

Krönung der **Holzschnitzkunst** sind die vielfachen Türrahmen der Tempel und die reich geschmückten Fenster und Erker der Paläste und reichen Wohnhäuser.

Obwohl das harte Holz sehr haltbar ist, ist doch aufgrund von Erdbeben und Bränden nur wenig sehr Altes erhalten. Die meisten Gebäude stammen aus den letzten 300 bis 400 Jahren.

Toranas

Typisch für Nepal ist die Torana, ein Bogenfeld über dem Türsturz eines Portals, das aber nicht ein Teil der Wand ist, sondern davor hängt. Toranas sind immer mit reichen figürlichen Darstellungen geschmückt, in deren Zentrum meist noch einmal die Gottheit des jeweiligen Heiligtums steht.

Essen und Trinken

Man *muss* in Nepal weder Reis noch Linsen essen; die Speisekarten der Touristenrestaurants bieten eine reichhaltige Mischung internationaler Gerichte. Für ein gutes Essen in einem kleinen einheimischen Restaurant zahlt man ohne Fleisch 40 Rs.; für ein Festessen in einem Hotel von 400 bis zu 3000 Rs.

Typisch Nepalesisch

Das nepalische Nationalgericht heißt **Daal Bhaat.** *Daal* ist eine Soße aus gelben, orangen, grünen oder schwarzen Linsen, *bhaat* gekochter Reis. Durch wechselnde Beilagen wird daraus ein immer wieder anderes, sehr nahrhaftes Gericht: Gemüse, eventuell Fleisch, dazu sauer-scharfe Pickles, Zwiebeln und Chilis, vielleicht auch Joghurt oder *papad,* ein dünnes, knackiges Fladenbrot. Eines der häufigsten Gemüse ist *saag* (Mangold oder Blattspinat). Eine newarische Alternative zum gekochten Reis sind **Chhiuraa,** »Reisflocken« oder flach gepresste rohe Reiskörner. Die Beilagen sind ähnlich wie beim Daal Bhaat.

Fleisch essen die meisten Nepali (sofern es ihnen nicht aus religiösen Gründen untersagt ist) mit Begeisterung, es ist aber ein Luxus, den sich viele nur gelegentlich leisten können. Meist ist es Büffel (man schmeckt kaum einen Unterschied zum Rind); teurer sind Huhn und Mutton, was sowohl Hammel als auch (sehr lecker!) Ziege sein kann.

Chapatis, die einfachsten der einheimischen Fladenbrote, werden trocken auf heißer Platte gegart und anstelle von Reis oder auch zum Reis

gegessen – mit Butter, Marmelade oder Omelette ein populäres Trekker-Frühstück. Das indische **Puri** wird in Fett ausgebacken und geht ballonartig auf; dazu isst man Gemüse in Soße. **Tibetan Bread** gibt es vor allem beim Trekking: Ein dickerer Fladen wird eingeritzt und dann fritiert – köstlich und sättigend.

Indisch/Tibetisch

Weit verbreitet sind indische Snacks, allen voran **Samosa,** kleine Teigtaschen mit einer Kartoffel-Gemüse-Füllung. Bessere indische Restaurants bieten Gerichte aus dem **Tandoor** an, einem Tonofen, in dem mariniertes Huhn und köstliches Fladenbrot gegart werden.

Verschiedene tibetische Restaurants haben köstliche Spezialitäten mit oft unaussprechlichen Namen (immer auf englisch gut erklärt) auf der Karte. Ein tibetischer Snack aber hat sich inzwischen fast zu einem zweiten nepalischen Nationalgericht entwickelt: Die **Momos** sind kleine Teigtaschen, kugel- oder halbmondförmig, mit einer Füllung aus Hackfleisch und Zwiebeln, die es fast an jeder Ecke gibt. Touristenrestaurants bieten sie inzwischen auch mit Gemüse- oder Käsefüllung an.

Getränke

Soft Drinks der bekannten Marken und Mineralwasser (in Plastikflaschen) sind überall erhältlich (unbehandeltes Leitungswasser sollte man auf keinen Fall trinken).

Verschiedene Biersorten werden in 0,65-Liter-Flaschen verkauft und schmecken alle recht gut. Reich ist die Auswahl an originären alkoholischen

Getränken: Die mildeste Form ist **Chang,** ein hausgemachtes »Bier« aus Reis, Gerste oder Hirse. **Tomba** findet man fast nur in einheimischen Restaurants; ein großer Becher voller fermentierter Hirsekörner wird immer wieder mit heißem Wasser aufgefüllt, das man durch einen dünnen Strohhalm vom Grund des Bechers trinkt.

Rakshi ist der Sammelbegriff für jede Art von hausgemachtem Schnaps, meist aus Reis oder Hirse, aber auch aus anderem Getreide oder Obst. Es gibt unterschiedlichste Qualitäten, auf Familienfesten der Newar hat er über 50 % Alkoholgehalt, während er in den Kneipen der Dörfer so dünn ist, dass man ihn teeglasweise trinkt.

Zur Zubereitung von **Mustang Coffee** verwendet man Instantkaffee und Zucker, das Wasser ersetzt heißer Rakshi. Fabrikmäßig abgefüllt gibt es u. a. guten **Wodka** und den ausgezeichneten **Rum** der Marke »Khukuri XXX« – pur oder gemischt gleich köstlich und bekömmlich; auf die billigeren Marken sollte man lieber verzichten.

Salz und Butter im Tee

Das Nationalgetränk ist *chiya* (sprich Tchiá): Tee und Zucker werden mit Milch zum Kochen gebracht, manchmal mit Gewürzen versetzt. Eine Besonderheit ist der *bhote-chiya* (Tibeter- oder Sherpa-Tee), salziger Tee, mit Butter verquirlt – die allen Gerüchten zum Trotz in der Regel nicht ranzig ist. Allerdings passt dieses Getränk wie kein Zweites in seine Heimatregion: In der trockenen Luft um 3000 m Höhe schmeckt er wesentlich besser als in Kathmandu.

Urlaub aktiv

Für Sportliche

Die sportliche Aktivität der meisten Nepalbesucher ist Wandern und **Trekking,** dem deshalb ab Seite 86 ein eigenes Kapitel gewidmet ist. Kleinere Wanderungen sind im Rahmen der Besichtigungen im Kathmandu-Tal beschrieben.

Auf wilden Gewässern

Rafting, Wildwasserfahrten in großen Schlauchbooten, wird von Agenturen bei Preisen zwischen 35 und 70 Dollar pro Tag genauso perfekt und vollständig organisiert wie das Zelttrekking: Transfer und Einweisung, vollständige Ausrüstung, Führer und Helfer, Zelte und Vollpension.

Es gibt Programme von 1 bis zu 10 Tagen, die Palette reicht von ganz einfache Fahrten, an denen auch Anfänger teilnehmen können, bis zu Expeditionen im höchsten Schwierigkeitsgrad. Da die Schwierigkeit jeder Route sich mit der Jahreszeit und dem Wasserstand ändert, lässt man sich am besten bei einer Agentur vor Ort beraten.

Wählen Sie nicht unbedingt das billigste Angebot, das geht meist zu Lasten der Sicherheit!

Tipp Wenn Sie einen Besuch im Chitwan-Nationalpark planen, können Sie die Anreise mit einem Rafting auf dem Trisuli kombinieren.

▐ **Ultimate Descents,** Thamel (neben der Pilgrims-Buchhandlung), Tel. 01/426 329, Fax 411 933, info@udnepal.com. Einige Guides sprechen deutsch.
▐ **White Magic,** Jyatha, Tel. 01/232 128, Fax 249 885; wmagic@wlink.com.np.

Auf Wanderung bei Dhulikhlel

Lust auf eine Rafting-Tour?

Über und auf der Erde

Fahrten mit dem Heißluftballon werden bisher nur von einer einzigen Agentur angeboten:

i **Balloon Sunrise,** Hattisar,
Tel. 01/424 131, Fax 424 157;
balloon@sunrise.mos.com.np.
Einstündiger Flug mit mit anschließendem Frühstück 195 US $.

Tandemsprünge mit dem **Fallschirm,** Rundflüge mit einem **Ultra-Light-Flugzeug** sowie **Ponyreiten** werden bisher nur in Pokhara angeboten.

i **Sunrise Trekking,**
Tel. 061/22 810. Tandemsprung von Sarangkot (65 US $).
▌**Avia Club Nepal,** Tel. 061/25 192. Rundflug im Ultra-Light-Flugzeug (Pilot und 1 Passagier) über das Tal (45 US $ je 1/4 Std.).
▌**Himalayan Pony Trek,**
Tel. 061/22 809. 1/2 Tag 500 Rs.;
1 Tag 1000 Rs.; mehrere Tage 1200 Rs. pro Tag.

Sprachkurse und Meditation

Wer sich länger in Kathmandu aufhält, möchte sich vielleicht gern mit Meditation und Yoga beschäftigen oder die nepalische Sprache erlernen.

Individuelle Sprachkurse bietet z. B. Frau **Anjali Pradhan Shrestha,** P. O. Box 5818, Tel. 413 810; learn@nepali.mos.com.np.

Das gemeinnützige **Ananda Yoga Centre** in Satungal, 8 km außerhalb Kathmandus, bietet einwöchige Yoga-Einführungskurse (100 US $) sowie Fortbildung für Yoga-Lehrer an. Diese finden ebenso wie die Reikikurse in entspannter Atmosphäre statt. (Tel./Fax 01/311 048, www.nepalonline.net/yoga; anandayoga@unlimit. com.)

Vielseitig ist der **Holistic Yoga Ashrama,** Thamel (vor dem Hotel Star), Tel. 01/419 334. Im Angebot sind Anleitung in Yoga und Meditation (300 Rs./2 Std.), Akupressur, Shiyatsu, Ayurvedische Massage und Dampfbad (1 Std. 600 Rs.), Handlesen, Horoskope usw.

Unterkunft

Ein kleines Doppelzimmer in Kathmandu kostet 2 US $ – eine Suite im teuersten Hotel 1300 US $. Ab 5 US $ bekommt man ein einfaches Zimmer mit Bad und heißem Wasser; für 15 bis 30 US $ ist dies auch hübsch eingerichtet und ziemlich sauber.

Preiswerte Unterkünfte sind meist – wie alle nepalischen Privathäuser – ungeheizt und schlecht isoliert, so dass es im Haus genau so kalt ist wie draußen. Typisch ist die Angewohnheit, nicht täglich eine Kleinigkeit zu reparieren, sondern das Haus langsam vergammeln zu lassen und nach ein paar Jahren ganz zu renovieren. So kann eine hübsche Pension fünf Jahre später nicht mehr zu empfehlen sein – noch einmal drei Jahre später aber ist sie wieder top. Außerhalb Kathmandus ist die Auswahl nur in Pokhara ähnlich groß, in den meisten anderen Orten gibt es nur einfachere Pensionen und einzelne teure Resort-Hotels.

Hotels der oberen Kategorien bieten über Reisebüros oft interessante Sonderpreise, bei kleineren Hotels handelt man: Nebensaison und längerer Aufenthalt bringen Nachlässe von 20–50 %. Man kann in Dollar (auch Reiseschecks) oder Rupien bezahlen.

Buchung

Vorausbuchung ist in der Regel nicht nötig; vor dem Flughafen stehen neben privaten Schleppern auch die Repräsentanten zahlreicher Hotels. Oder man nimmt ein Taxi zum gewünschten Hotel; sollte es ausgebucht sein, finden sich in der Nähe viele ähnliche.

Reisewege und Verkehrsmittel

Anreise

Die nationale Fluggesellschaft RNAC (Royal Nepal Airlines Corporation) fliegt ganzjährig direkt von Deutschland nach Nepal. Auch Condor (Charter im Winter), Quatar, Gulf, Lauda Air und Transavia fliegen Kathmandu an. Über Bangkok, Karachi, Dhaka und Delhi gibt es weitere Verbindungen nach Kathmandu.

Tipp Von Deutschland, Karachi oder Delhi kommend, sollte man links am Fenster sitzen, um schon bei der Anreise den Himalaya zu sehen; von Bangkok, Dhaka oder Kalkutta (Kolkata) kommend, rechts.

Reisen im Lande

13 200 km Straßen (davon nur 4000 km asphaltiert) erschließen vor allem Zentralnepal und das Terai. Große Teile des Landes sind nach wie vor nur zu Fuß oder per Flugzeug zu erreichen; Träger- und Tragtierkarawanen versorgen die Bergdörfer.

Mit dem Flugzeug

Es gibt 44 Flughäfen im Land, z. T. hoch im Himalaya. Die nepalischen Piloten sind wahre Spezialisten und bringen die speziell für kurze Pisten konstruierten Flugzeuge auch in den engsten Tälern sicher zur Landung. Eine Besonderheit ist der **Mountain Flight,** ein etwa einstündiger Rundflug von Kathmandu zum Everest.

Tipp Nur wenige Fluggesellschaften – z.B. **Buddha Air** und **Everest Air**

Mit dem Flugzeug zum Trekking

Die wichtigsten Verkehrsmittel im Land

– fliegen mit kleinen Maschinen (jeder Platz ein Fensterplatz!) wirklich dicht an den Everest heran. Seit einigen Jahren erschließen Hubschrauber immer weitere Landeplätze sowohl im Linien- als auch im Charterbetrieb: Die russischen MI-17 (22 Passagiere) haben winzige Bullaugenfenster, die französischen Ecureuil (5 Plätze) bieten eine gute Aussicht und können bis zu 6100 m hoch fliegen.

Flüge sind in Dollar zu bezahlen. (Reiseschecks problemlos, DM bzw. € schwierig; Wechselgeld oder Erstattung bei ausgefallenem Flug nur in Rupien). Alle Inlandflüge sind oft langfristig ausgebucht, man sollte sie unbedingt schon von zu Hause aus buchen – über das heimische Reisebüro oder direkt bei einer Agentur in Kathmandu. Diese vermitteln auch Guides und Fremdenführer und organisieren Ausflüge und komplette Trekking-Programme.

Tipp Wenn man den Transfer zum Inlandflug gleich mitbucht, kümmert sich ein Agenturvertreter auch darum, dass man wirklich fliegt und die bestätigte Reservierung nicht aufgrund von »Beziehungen« an jemand anderen geht.

Mit dem Bus

In einem Land fast ohne Eisenbahn und mit relativ teuren Flügen ist das Bussystem gut entwickelt. Täglich verlassen allein die Stadt Kathmandu

über 150 Fernbusse. Einen **local bus,** der an jeder Ecke hält und bis zum Bersten voll gestopft wird, sollte man nur im äußersten Notfall und nur für kurze Strecken benutzen (Vorsicht auch vor Taschendieben!). In den **Expressbussen** hat man garantierte Sitzplätze und weniger Stopps. Nur für Kurzstrecken gibt es mehrere Abfahrten während des Tages, Fernbusse beginnen ihre Reise morgens und abends jeweils um 7 Uhr. Für 100 km zahlt man etwa 1 €.

Touristenbusse oder **luxury coaches** nach Pokhara (200 km, 7–8 Std.) und Bharatpur/Chitwan (145 km, 6 Std.) bieten größere Beinfreiheit und bessere Sitze. Tickets verkauft jede Agentur. Diese Busse fahren in Thamel ab.

Klimatische Extreme und häufige Erdrutsche sorgen für einen schlechten Straßenzustand, so dass die Durchschnittsgeschwindigkeit nur bei etwa 30 km/h liegt. Während der Fahrten gibt es in der Regel alle 2–4 Stunden eine Pause, dazwischen zahlreiche Stopps an verschiedensten Kontrollpunkten: Oft muss man sich während der Fahrt in eine Passagierliste eintragen, daher gehören Pass und Trekkingpermit auf jeden Fall ins Handgepäck.

Mit Limousinen

Wegen des chaotischen (Links)Verkehrs muss vom Selbstfahren eines Mietwagens dringend abgeraten werden. Wählen Sie eine Limousine mit Fahrer (was gar nicht sehr viel mehr kostet als ein Mietwagen), und Sie fahren bequemer, wenn auch kaum schneller als im Bus und können nach eigenen Wünschen Pausen und Fotostopps einlegen. Zuverlässig ist. z. B. **Overland Service,** Tel. 01/435 454, Fax 439 654; him@tilak.wlink.com.np. Nach Pokhara ca. 55 €, nach Bharatpur/Chitwan ca. 45 €.

Taxis

Taxis erkennt man an schwarzen Nummernschildern mit weißer Schrift; nur in Kathmandu sind sie mit Taxameter ausgestattet. Die Grundgebühr beträgt 7 Rs., jede weiteren 200 m 2 Rs. (ab 21 Uhr 50 % höhere Tarife). In der Rush-hour (9–10, 16–18 Uhr) und kurz vor Beginn des Nachttarifs sind die Fahrer meist nicht bereit, ihre Taxameter einzuschalten. Für solche Fälle erkundige man sich vorher im Hotel nach dem ungefähren Fahrpreis.

In Bhaktapur fahren fast ausschließlich Privatwagen, der Preis muss ausgehandelt werden. In Pokhara fahren die Taxis als eine Art Minibus auf festen Routen, und man bezahlt pro Person; will man so einen Wagen allein chartern, muss man den Preis aushandeln.

Mit Rikscha und Fahrrad

Fahrradrikschas gibt es nur in manchen Städten. Sie sind langsamer und teurer als ein Taxi und man benutzt sie daher v. a. für Kurzstrecken z. B. in der engen Altstadt von Kathmandu und in Thamel.

Autorikschas heißen in Nepal *tempo*. Sie haben Platz für 2–3 Passagiere, einen Taxameter und sind etwa 30 % billiger als Taxis.

Fahrräder: Montainbikes mit 10–18 Gängen mietet man für 125 Rs. pro Tag oder 20–25 Rs. pro Stunde. Achten Sie darauf, dass Bremsen und Klingel funktionieren und ein Schloss vorhanden ist. Kleinere Reparaturen unterwegs muss man selber bezahlen; bei Verlust oder Unfällen haftet man voll. Werkstätten gibt es alle paar hundert Meter am Straßenrand.

Agenturen

Es gibt Hunderte von Agenturen in Kathmandu, jede Woche werden neue gegründet – die oft ebenso schnell wieder schließen. Wählen Sie nicht die billigste, sondern eine mit ausreichend Erfahrung.

Sherpa Trekking Service, Kamaladi, Tel. 01/222 489, Fax 227 243; sts@wlink.com.np. Organisiert schon seit über 30 Jahren Trekkings und Expeditionen sowie jede Art von Nepal- und Tibet-Programmen.

▌ **Navyo Nepal,** Burungkhel, Tel. 01/261 367, Fax 227 070; navyo@ccsl.com.np. Der in Nepal verheiratete Südtiroler bietet Reisen, Trekkings und Expeditionen in Nepal und Tibet (z. T. mit deutsprachigen Führern). Ausgezeichnete Infos in deutsch: www.navyonepal.com.

▌ **Yeti Travels,** Durbar Marg, Tel. 01/221 234, Fax 226 153; yeti@yetitravels.com.np. Eines der ältesten und erfahrensten Reisebüros. V. a. für Besichtigungsprogramme arbeitet es mit erfahrenen Fremdenführern und den besten Bussen.

Seite
46

Kathmandu-Stadt

Städtisches Kaleidoskop

Die Stadt zählt 700 000 Einwohner – bei einer Bevölkerungsdichte von 50 000 pro Quadratkilometer – und das ganz ohne Hochhäuser (Berlin hat gerademal 3800 Einwohner pro km²)! Das Gewirr von Menschen, Fahrrädern und Karren ist ebenso beeindruckend wie die Vielzahl an Tempeln, Farben und Gerüchen.

Vor dem alten Palast

Und so scheiden sich hier die Geister der Besucher: Die einen haben nach einem Tag »die Nase voll« (mit Staub und Abgasen); die anderen sind schon zwei Wochen hier und entdecken jeden Tag neue versteckte kleine Tempel und Klöster, Hinterhöfe voller dörflichen Lebens, interessante Geschäfte und fotogene Marktszenen. Wenn Sie nicht nur Sehenswürdigkeiten bestaunen möchten, sondern ins nepalische Stadtleben eintauchen möchten, sollten Sie 3 bis 4 Tage einplanen.

Wohl jeden Besucher wird der Anblick Hunderter von Tempeln, Tausender von Statuen und filigranen Holzschnitzereien in den Bann ziehen. Die Newar, die ursprünglichen Bewohner des Tals, die auch heute noch die Mehrheit der Bevölkerung stellen, haben hier ihren eigenen Baustil entwickelt und Schnitzerei und Metallverarbeitung zu wahrhafter Perfektion gebracht.

An der Mündung der heiligen Flüsse Bagmati und Vishnumati meditierte nach Trockenlegung des Tales (s. S. 61) oft der Prophet Ne und gab so dem Tal den Namen Ne-Pal. Später verliefen über den Bergrücken zwischen den Flüssen wichtige Handelsstraßen, und an diesen entwickelten sich erste Siedlungskerne, die sich etwa im 9. Jh. zu einer Stadt organisierten; ein Palast wurde am Kreuzungspunkt der Handelsstraßen erbaut. Aufgeteilt wurde die Stadt in *Toles* (Stadtviertel), die jeweils das Gebiet um den von einer Straßenkreuzung gebildeten Platz gleichen Namens umfassen. Diese bildeten nach dem Zerfall der Lichchhavi-Herrschaft eigenständige kleine Königreiche, bis sie von den Malla-Königen wieder zusammengefasst wurden. Ein Tole (sprich Tol) dient auch heute noch zur Angabe der Adresse in der Altstadt, in der es keine Straßennamen gibt.

***Rund um den alten Palast (Durbar Square)

Das Herz der Altstadt war jahrhundertelang Zentrum der Macht und der Kultur. Die größte Ansammlung von Tempeln und die schönsten geschnitzten Holzfenster wurden von der UNESCO als Weltkulturerbe eingestuft. Je nach Interesse an den zahlreichen Details werden Sie zwei bis vier Stunden unterwegs sein. Der Begriff Durbar Square (»Palast-Platz«) ist eine Kombination aus einem nepalischen und einem englischen Wort und wird von den Nepali kaum benutzt. Verwenden

Sie besser die korrekten Bezeichnungen für die Plätze rund um den Palast: **Hanuman Dhoka** im Nordwesten und **Basantapur** für den mit Ziegelsteinen gepflasterten Platz im Süden.

Am **Basantapur-Platz** breiten heute Souvenirhändler ihre Waren aus. Einige der Fenster und Dachstreben am 9-stöckigen *Basantapur-Turm **A*** zählen zu den schönsten Schnitzereien Nepals. Von oben hat man eine schöne Aussicht (s. S. 43). Der weiße **Gaddi Baitak B**, der in seinen Proportionen so gar nicht zum Rest des Palastes passt, wurde erst von den Ranas hinzugefügt und noch als Saal für Staatsempfänge benutzt.

Am ****Palast der Kumari C**, der lebenden Göttin (s. S. 25), zieren kunstvolle Schnitzereien Front und ****Innenhof**. Falls die kleine Göttin am Fenster gegenüber des Eingangs erscheinen sollte, herrscht absolutes Fotografierverbot!

Im Südwesten

Auf der Westseite eines unbedeutenden Vishnu-Tempels auf hohem Stufensockel kniet anbetend ein wohlproportionierter großer *Garuda **D*** aus dem 17. Jh.

Der große Hallenbau des **Kasthmandap E**, im 11. Jh. angeblich aus dem Holz eines einzigen Baumes erbaut, diente den Fürsten einst als Versammlungshalle. Heute wird er u. a. für religiöse Vorträge genutzt, Händler und Träger der umliegenden Märkte übernachten hier, zugleich erfüllt er auch die Funktion eines Tempels: In den Ecken vier kleine Ganesh-Schreine,

in der Mitte fasst ein kleiner Zaun gleich zwei Heiligtümer ein: Die Statue Gorakhnaths wurde offensichtlich erst später hinzugefügt, denn das Hauptkultbild müsste genau im Zentrum stehen – und dort befindet sich hier ein einfacher runder Stein. Solche begegnen einem immer wieder: Zum einen sind Statuen durch Jahrhunderte der Verehrung so verschlissen, dass man die Figur nicht mehr erkennt; zum anderen gibt es Steine, von denen die Nepali glauben, dass sich in

Seite 39

- **A** Basantapur-Turm
- **B** Gaddi Baitak
- **C** Palast der Kumari
- **D** Garuda
- **E** Kasthmandap
- **F** Ganesh-Tempel
- **G** Maruhity
- **H** Shiva-Tempel
- **I** Shiva-Parvati-Tempel
- **J** Elfenbeinfenster
- **K** Holzgitter
- **L** Degutale-Tempel
- **M** Kaalo Bhairav
- **N** Taleju-Tempel
- **O** Jagannath-Tempel
- **P** Lakshmi-Narayan-Statue
- **Q** Basantapur Chowk

RUND UM DEN ALTEN PALAST (DURBAR SQUARE)

Seite 39

ihnen der Gott manifestiere und sich mit der Zeit daraus eine Statue entwickeln werde.

Der kleine **Ganesh-Tempel**  ist einer der wichtigsten im Tal. Beobachten Sie ein paar Minuten den Verkehr: Jeder möchte dem Gott, der hier als *Ashok Binayak* verehrt wird, seine Ehre erweisen, indem er links an ihm vorbeigeht, und alle Leute, die von Westen kommen, selbst Fahrräder und Motorräder, zwängen sich durch die enge Gasse an der Rückseite des Tempels.

Brunnenanlagen wie **Maruhity** (*Hity* = Brunnen) finden sich überall in den Städten des Tales. Tiefer als die Straße gelegen, mit 1 bis 3 Wasserspeiern und durch jahrhundertealte Rohrleitungen mit den umliegenden Bergen verbunden, bildeten sie neben den Flüssen einst die einzige Wasserversorgung. Noch heute haben die meisten Altbauten keinen Wasseranschluss, die Bewohner waschen hier sich selbst und ihre Kleidung und nehmen Wasser mit nach Hause. (Duschen und Toiletten sind eine »Unsitte« heutiger Zeit; traditionell gehören »körperliche Abfälle« nicht ins Haus. Deshalb spucken die Leute aus dem Fenster, sitzen zum Nägelschneiden vor der Haustür, deshalb arbeiten Friseure im Freien, und zur Toilette geht man aufs Feld oder ans Flussufer.)

Berühmte Fenstergucker: Shiva und Parvati

Der 1690 erbaute **Shiva-Tempel** auf seinem neunstufigen Sockel ist heute religiös unbedeutend, aber ein schöner Aussichtspunkt, um das Treiben auf dem Platz zu beobachten.

Tipp Die beste Zeit, um von hier aus zu fotografieren, ist der späte Nachmittag, wenn die tief stehende Sonne die rote Palastfront beleuchtet.

Am ***Shiva-Parvati-Tempel** sehen Sie ein interessantes Fenster, nach dem der Tempel benannt ist: typisch für das nepalische Religionsverständnis, dass der höchste aller Götter und seine Ehefrau gemütlich auf der Fensterbank lehnend auf ihre Gläubigen herunterschauen.

Die 1786 gegossene riesige **Glocke** wird nur zum Dasain-Fest (s. S. 27) geläutet. Die beiden überdimensionalen **Trommeln** aus dem Jahr 1800 sollen große magische Kräfte besitzen.

Ein Tipp

Planen Sie die Besichtigung des Palastes ziemlich zu Beginn Ihres Aufenthaltes ein, denn nirgendwo sind die Öffnungszeiten so unzuverlässig wie hier. Daher sollten Sie sich die Möglichkeit offen halten, noch einmal hierher zu kommen.

Statue des Kaalo Bhairav

Seite
39

deckt die riesige Maske des **Sheto Bhairav** (*sheto* = weiß; die Maske aber ist golden).

Daneben bildet ein unscheinbares Stück Hauswand den Sockel für den **Degutale-Tempel** ⓛ, vor dem die 1670 errichtete Säule steht, auf der anbetend König Pratapamalla mit seiner Familie sitzt.

Die aus dem 7. oder 8. Jh. stammende Statue des **Kaalo Bhairav** ⓜ (*kaalo* = schwarz) stellt Shiva in seiner zerstörerischen Form dar. Der grellbunt bemalte Monolith zeigt die sechsarmige Gottheit, die einen Dämonen zertrampelt, mit einer Halskette aus Menschenschädeln. Man glaubt, wer vor der Statue lüge, verblute sofort: Staatsdiener wurden hier vereidigt, Angeklagte mussten hier ihre Unschuld beschwören.

Vor dem Palasteingang

Die Straße weitet sich zum dreieckigen ****Hanuman-Dhoka-Platz.** Dass an der Ecke die oberen Fenster ⓙ aus Elfenbein sind, wurde erst 1975 entdeckt. Ein Holzgitter ⓚ, das nur zum Indra-Jatra-Fest geöffnet wird, ver-

An der Ostseite

Der mit seinem Stufensockel 40 m aufragende **Taleju-Tempel** ⓝ wurde im 16. Jh. von König Mahendra Malla

Zur Orientierung

Am westlichen Rand des 20 x 25 km großen Kathmandu-Tales, etwa 1300 m hoch gelegen, wird die Altstadt im Süden und Westen von den beiden Flüssen begrenzt. Westlich des Vishnumati werden immer neue Wohngebiete erschlossen; das Land südlich des Bagmati gehört bereits zu Patan. Der alte Palast bildet das Zentrum der Altstadt; von ihm ziehen verwinkelte Gassen nach Süden und Westen, die erst nach dem Erdbeben von 1934 geschaffene *New Road* nach Osten und die diagona-le alte Handelsstraße nach Nordosten. Die Altstadt endet im Osten am *Kanti Path,* der dem Verlauf der ehemaligen Stadtmauer folgt. Jenseits blieb ein breiter Streifen von Grünanlagen erhalten, an den sich östlich ein Teil der Neustadt anschließt. Vom Palast und von jedem Platz des diagonalen Bazar ziehen Straßen fast parallel nach Norden, fast unmerklich geht die Altstadt über in das Touristengebiet Thamel, an das sich im Norden wieder neuere Wohngebiete anschließen.

Vom Basantapur-Turm bietet sich eine prächtige Rundumsicht über Kathmandu

erbaut. Im Streit der drei Königsstädte, bei wem die Hausgöttin der Malla-Könige residiere, sollte durch die Größe des Baus gezeigt werden, dass nur Kathmandu ihre Heimat sei. Der Tempel ist einmal im Jahr für Hindus zugänglich, ansonsten nur für die Königsfamilie und die Hofpriester.

Am großen **Jagannath-Tempel** ❾ (Jagannath ist eine besondere Form Krishnas) aus dem 16. Jh. sind die sexuellen Darstellungen, die das untere Ende der Dachstreben vieler Tempel zieren, deutlich zu sehen. Die sexuelle Vereinigung spielt in manchen tantrischen Geheimritualen eine Rolle. – Viel schöner aber ist dieser Erklärungsversuch: Die Blitz-Göttin soll nämlich eine so prüde Jungfrau sein, dass sie in einen solcherart verzierten Tempel ganz sicher nicht mehr einschlagen wird.

Hanuman, der Held des Ramayana, ist eigentlich kein Gott, wird aber wie ein solcher verehrt; mehr als drei Jahrhunderte Anbetung haben ihn so dick mit Senföl und Zinnoberpulver überzogen, dass von der Statue des Affengenerals nichts mehr zu erkennen ist. Nach ihm ist **Hanuman Dhoka** benannt, der Haupteingang des Palastes: Über der goldenen Tür (1810)

stellen verschiedene Figurengruppen u. a. Krishna in seiner vielarmigen Form dar; gleich hinter dem Durchgang steht die beeindruckende Statue (1673) des löwenköpfigen ***Narasingha,** einer Inkarnation Vishnus, der einem Dämonen die Gedärme herausreißt.

Von ehemals mehr als 40 Höfen des **Palastes** sind nur etwa ein Dutzend erhalten, zwei können besichtigt werden. Obwohl die Shah-Könige 1896 in den neuen Palast umzogen, finden viele Zeremonien und Empfänge immer noch hier statt. Der Hof *Nasal Chowk ist nach dem tanzenden Shiva in einem kleinen Schrein auf seiner Ostseite benannt. Die Nordwand bildet eine offene Audienzhalle mit den Portraits der Shah-Könige seit Prithvi Narayan. Im Südosten finden Sie einige der beeindruckendsten Holzschnitzereien: Um die Tür zum Basantapur Chowk parallele Reihen von 22 verschiedenen Designs; links daneben einige großartige Fenster. Unter diesen in einer Vitrine eine schöne Statue Lakshmi-Narayans ❿: Seine Frau Lakshmi sitzt auf Vishnus Schoß, der mit vielen Köpfen alle seine Inkarnationen zugleich darstellt. Auch der Basantapur Chowk ⓫ zeigt schöne

Laden an Laden: in der Altstadt

Fenster; interessant sind die Aufbauten auf seinen vier Ecken, jeder in einem anderen Stil.

Nun sollten Sie den **Basantapur-Turm** Ⓐ (s. S. 43) hinaufsteigen, um den prächtigen Blick zu genießen.

Produkte aus Reispapier sind ein schönes Souvenir

Tipp Der offizielle Weg führt durch das Palastmuseum zum Turm. Dann muss man aber die Kameras abgeben und kann von oben nicht fotografieren.

**Diagonaler Bazar

Hier reihen sich Geschäfte und Märkte, die alles anbieten, was man zum täglichen Leben braucht: Stoffe und Kosmetika, Kochtöpfe und Küchenherde, Werkzeuge und Gewürze, Fahrräder und Schulbücher ... Nirgendwo können Sie das traditionelle Leben besser beobachten – ein halber Tag vergeht hier wie im Flug.

Während sich entsprechend der Ausrichtung aller Tempel auch die meisten Straßen an den Himmelsrichtungen orientieren, führt der Diagonale Bazar von Südwesten nach Nordosten durch die Altstadt. Die Linie, auf der schon lange vor der Stadtgründung Handelskarawanen von Indien nach Tibet zogen, lässt sich noch heute auf dem Stadtplan bis hinter

Boudhanath (s. S. 66) verfolgen. Die Straße biegt leicht nach links (Nordosten), und Sie gehen zunächst an Händlern für Stoffe und indische Saris und an Geschäften für Haushaltswaren entlang. (Links ein großer Laden für Edelstahlgeschirr: Vergleichen Sie die Preise und kaufen Sie sich eine ganz andere Art von Souvenir!)

Reispapier

Einige Geschäfte haben sich auf Produkte aus Reispapier spezialisiert: Kalender, Briefpapier, Lampenschirme ... Niemand weiß, wie dieses Papier, das wegen seiner Haltbarkeit noch heute in Behörden und im offiziellen Schriftverkehr benutzt wird, zu seinem Namen kam, denn es wird handgeschöpft aus der Rinde des Seidelbastes, der Ihnen beim Trekking auf Höhen von etwa 2500 m häufig begegnet.

Seite 46

Seite 46

Rund um Indra Chowk

Die erste große Kreuzung heißt Indra Chowk. Den **Akash-Bhairav-Tempel** ❶ erkennt man auf den ersten Blick gar nicht als Tempel, denn abweichend vom Typus des Pagodentempels sind die Tempel für Bhairav und Bhimsen der Form des newarischen Wohnhauses nachempfunden; das Erdgeschoss des lang gestreckten Gebäudes ist von Geschäften belegt, der Gott aber »wohnt« im ersten Stock.

Im **Perlenketten-Markt** ❷ verkaufen kleine Geschäfte Ketten aus Glasperlen jeder Form und Farbe, sogar für tschechische und japanische Ware wird geworben. Und auf den Stufen des kleinen Stein-Tempels im Norden des Platzes werden Stapel von Decken angeboten, weich und flauschig, man muss sie einfach mal anfassen!

Der weiße Machhendranath in seinem Tempel

Tipp Günstiger kaufen Sie die Decken aber in den umliegenden Geschäften.

Nun wechselt das Angebot langsam von Stoff zu Metall – vom Wasserkrug bis zur Schnapskanne, vom Kochtopf bis zum Teekessel, von der Öllampe bis zur kleinen Götterstatue. Typisch ist die große Waage, die mitten im Raum hängt, denn Metallwaren werden nach Gewicht verkauft.

Zwei schöne Bronzelöwen mit Flammenzunge bewachen den Durchgang zum großen ***Tempel des Sheto Machhendranath** ❸ aus dem 15. Jh., leider etwas entstellt durch das schmiedeeiserne Gitter, das vor weiteren Diebstählen schützen soll – zu viele kleine Statuen sind bereits verschwunden. Von der Spitze des Daches hängen breite Messingbänder bis knapp über die Tür, denn man denkt praktisch und geht davon aus, dass nicht jeder Gott immer in jedem seiner Tempel anwesend ist; wenn er zurückkommt, könnte es ihm schwer fallen, den Eingang zu finden; und deshalb hat man diese Wegweiser angebracht. (Aus dem gleichen Grund hängen an allen Tempeln große Glocken neben dem Eingang und kleine Glocken über der Tür, die die Gläubigen vor dem Beten und Opfern läuten, um den Gott zu wecken oder herbeizurufen.)

Zwischen vielen kleinen Chaityas, Säulen, Figuren und anderen Votivgaben hindurch geht man zur dreifachen Tür des Tempels. Der Sheto (= weiße) Machhendranath ist eine Form des Bodhisattva Lokeswar. Gehen Sie im Uhrzeigersinn um den Tempel herum, den ein Band von 108 gerahmten Bildern des Lokeswar umgibt. Die **Gebetsmühlen** im äußeren Geländer enthalten je eine Rolle Papier, auf dem bis zu 1,5 Millionen Mal die beschwörende Gebetsformel »Om Mani Padme Hum« steht. Da die Buddhisten glauben, dass Gebete auch durch Bewegung aktiviert werden, hängen sie Gebetsfahnen auf, die vom Wind in Bewegung gesetzt werden, und drehen die Gebetsmühlen – immer im Uhrzeigersinn!

Außen im Hof beobachten Sie murmelspielende Kinder und Wäsche waschende Frauen am Brunnen; Getreide und Früchte trocknen in der Sonne, kleine Geschäfte bieten ihre Waren an. Und irgendwo sitzen indische Wanderarbeiter mit ihren seltsamen **Saiteninstrumenten,** mit denen rohe Baumwolle flauschig aufgelockert wird, um damit Steppdecken zu füllen. Im Herbst hört man den Klang dieser gezupften Saiten überall in der Stadt, wenn die Arbeiter von Haus zu Haus

Stirnmale

Verheiratete Frauen färben sich die vordere Hälfte des Scheitels rot. Die kleinen, oft aufgeklebten Punkte dicht über der Nasenwurzel von Frauen und Mädchen sind reines Make-up; für entsprechende Anlässe gibt es sie auch in Sternform oder im »Disco-Design«. Die das Dritte Auge symbolisierende **Tika** auf der Mitte der Stirn gibt es in verschiedenen Formen: Den einfachen Punkt aus Zinnober-Pulver macht sich jeder selbst, wenn er an einem Tempel opfert oder auch nur im Vorbeigehen einen Segen erbittet. Linien, Streifen oder mehrfarbige Punkte deuten auf den Besuch an bestimmten Tempeln hin, in denen der Priester diese auf die Stirn malt. Klümpchen aus einer Mischung aus Reis, Joghurt, Zinnoberpulver (und Banane als Klebstoff) bekommt man bei Festen, Feiern und Hochzeiten.

gehen, um die Füllung alter Decken vor dem Winter wieder aufzulockern.

Seite 46

Wieder zurück auf auf dem Diagonalen Bazar verkaufen wenige Meter weiter rund um einen Tempel Händlerinnen alles, was die Nepalesin für ihre Schönheit braucht: Farben und Lippenstifte, Holzkämme, Punkte, die man sich auf die Stirn klebt, Schnüre, mit denen man seinen Haarzopf verlängert, und die typischen schmalen Armreifen aus Glas.

Gegenüber bieten mehrere Fachgeschäfte jede Art von Kopfbedeckung an, von der Baseballmütze bis zur Polizeiuniform; die traditionellen nepalischen Mützen, die immer so auf dem Kopf sitzen, als habe man sie eine Nummer zu klein gekauft, sollte eine Frau auf keinen Fall tragen.

Im nun bunt gemischten Angebot auf der Bazarstraße fallen die großen Blechkoffer auf; sie kosten nur ein paar Mark, und wer auf dem Heimflug seinen Rucksack in einen solchen Koffer packt, hat zu Hause eine stabile Kiste für Keller oder Speicher. Einige kleine Geschäfte spezialisieren sich auf Nüsse, Rosinen und jede Art von essbaren Kernen – hier kann man sich vor dem Trekking sein Studentenfutter zusammenstellen.

*Asan Tole ❹

Die Straße weitet sich zum Platz Asan Tole – wer alles sehen und beobachten will, müsste alleine auf dieser Kreuzung von 6 Straßen einen halben Tag verbringen: Gleich links haben die Gewürzhändler ihre Waren inzwischen auch auf englisch beschriftet. In der kleinen Straße nach Norden (die nach Thahity und Thamel führt) ein interessanter kleiner Gemüsemarkt; auf der Südseite des Platzes Geschäfte mit indischen Waren, vom Haaröl bis zur Batterie. Der größte der drei Tempel

❶ Akash-Bhairav-Tempel
❷ Perlenketten-Markt
❸ Tempel des Sheto
  Machhendranath
❹ Asan Tole
❺ Rani Pokari
❻ Statue von König
  Tribhuvan
❼ Neuer Palast
❽ Rana-Palast
❾ Tempel, Töpferplatz
❿ Zahnwehgott
⓫ Buddhastatue
⓬ Kathesimbhu-Stupa
⓭ Thahity-Stupa

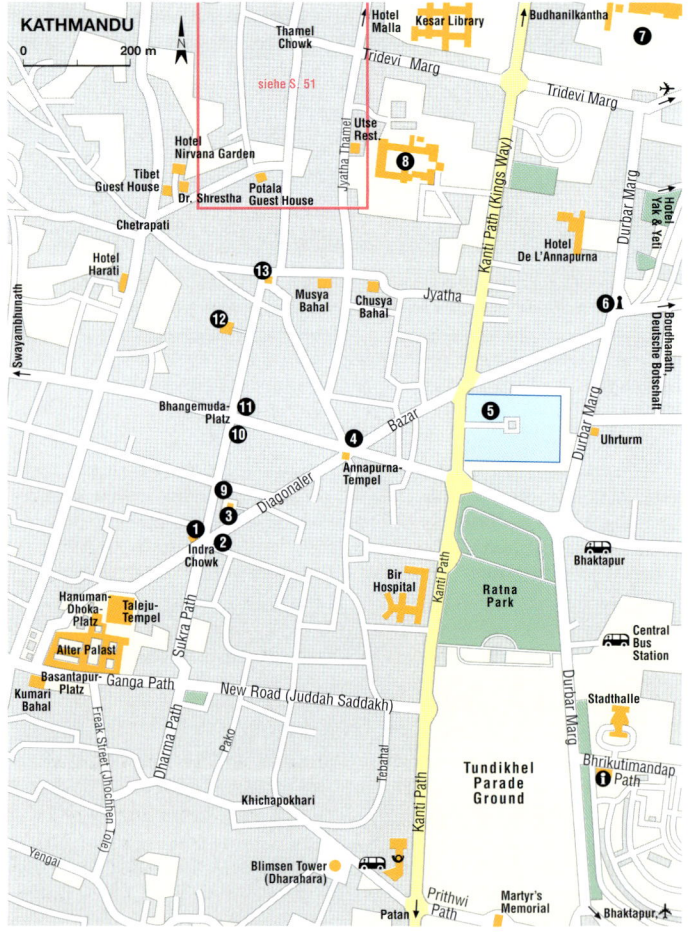

ist **Annapurna** geweiht, einer Form der Lakshmi, die für Reichtum, Wohlergehen und gute Ernte zuständig ist. Sie ist im Zentrum der Torana über der Tür als Figur dargestellt, wird aber im Tempel in Gestalt einer silbernen Vase des Überflusses verehrt. Gehen Sie im Uhrzeigersinn um den Tempel herum, die kleinen Geschäfte verkaufen Bratöl, Butterfett *(ghee)*, Wachs, Kerzen und aus großen Säcken das weiße bis graubraune Chhiuraa (s. S. 32).

Zwei Straßen verlassen den Platz Richtung Osten: Die linke, nördlichere, ist der Diagonale Bazar. In den traditionellen Lebensmittelläden thront der Besitzer in der Mitte auf einer Kiste – den ganzen Tag im Schneidersitz –, vor sich die Waage, unter seinem Sitzkissen das Geld; der Fußboden ist bedeckt mit einer maßgeschneiderten Einrichtung aus Holzkisten voller Getreide, Hülsenfrüchte, Zucker und Gewürze, und mit seinem langen Löffel kann der Chef von seinem Platz aus fast alles erreichen. In kleinen Gemischtwarenläden liegen gut tennisballgroße, rosa-braune Kugeln: Billigseifen aus Lehm und dem Öl des Niembaumes.

In **Tiger for Breakfast** erzählt Michael Peissel vom Leben und Wirken des berühmten Boris Lissanevitch – eine interessante Beschreibung Nepals und der Anfänge des Tourismus in den 1950er Jahren. (Erhältlich in den allen Buchhandlungen Kathmandus, leider nur auf Englisch.)

Rund um den neuen Palast

Nach vielen Fahrradgeschäften am Ende des Diagonalen Bazars weitet sich die Straße und endet auf dem stark befahrenen **Kanti Path,** der dem Verlauf der früheren Stadtmauer folgt.

Vor dem Stadttor lagerten am 1670 angelegten **Rani Pokari ❺**, dem »Teich der Königin«, die Handelskarawanen.

Von der **Statue König Tribhuvans ❻** führt die Palaststraße **Durbar Marg** direkt zum neuen Palast. Hier liegen einige der besten Hotels der Stadt, Büros von Fluggesellschaften, edle Souvenirgeschäfte, feine Restaurants und Konditoreien.

Im **Neuen Palast ❼** mit den beiden Türmen residieren die Könige seit 1896. Ein Teil des weitläufigen Gebietes (6 ha) kann besichtigt werden (Öffnungszeiten: Okt.–Juni, nur Do 11–13, 14–16 Uhr).

Weiter westlich hängen in den großen Bäumen rund um die nächste Kreuzung je nach Jahreszeit Hunderte von Flughunden. Südwestlich der Kreuzung steht ein weißer **Rana-Palast ❽**, in dem der legendäre Boris (s. Buchtipp) 1951 das *Royal Hotel* einrichtete, wo die ersten Touristengruppen und Himalaya-Expeditionen untergebracht wurden.

Thamel

Weiter westlich nimmt die Zahl der Hotels, Restaurants, Souvenirgeschäfte und Agenturen rapide zu: In Thamel etablierten sich 1973 die ersten Hotels. Seitdem hat sich die Entwicklung auf dieses Gebiet konzentriert, ein Ende ist nicht abzusehen, immer weitere Nebenstraßen werden erschlossen.

In der nördlichen Altstadt

Die Straße nördlich des Indra Chowk ist die Hauptverbindung nach Thamel. Viele laufen diesen Weg sehr oft, ohne zu ahnen, wie viel es dort zu entdecken gäbe.

Seite 46

Seite 51

An der ersten Kreuzung ein kleiner **Tempel ❾** mit weißer Spitze im Moghul-Stil; auf den Stufen haben sich Gemüsehändler, Schneider und Friseure niedergelassen. Dahinter der kleine **Töpferplatz** von Kathmandu. Zwischen den hoch aufgestapelten Tonwaren führt ein schmaler niedriger Durchgang wieder in den Hof des Machhendranath-Tempels (s. S. 44).

Weiter nördlich säumen Geschäfte mit Bodenbelägen und Schaumstoffen die Straße sowie einige Goldschmiede. Viele schöne Holzschnitzereien – meist aus dem 17. und 18. Jh. – dekorieren die oberen Etagen der Häuser. Bewundern Sie vor allem die Gitter, die die Öffnungen verschließen: Sie sind nicht aus einer Platte ausgesägt, sondern aus vielen identisch geschnitzten Holzstreifen ohne die Verwendung eines einzigen Nagels zusammengesetzt!

Tipp Sehr interessant ist ein Blick in die »Hauseingänge«: Viele sind gar kein Eingang zu einem Haus, sondern ein Durchgang zu einem kleineren oder größeren Innenhof. Dort liegen die Zugänge zu den abseits der Strasse gelegenen Häusern, dort gibt es oft kleine Klöster, Schreine, Stupas, dort spielt sich das »dörfliche« Leben dieser Städte ab.

Unmittelbar vor der nächsten Kreuzung hängt rechts an der Wand eines Hauses ein großer **Holzblock**, über und über mit Nägeln gespickt, die teilweise durch Münzen hindurch in das Holz getrieben wurden. Die kleine goldene Statue von *Vaishya Deo,* dem **Zahnwehgott ❿**, ist in einer Vertiefung in der Mitte hinter lauter rotem Farbpulver kaum zu erkennen. Einen Nagel in dieses Holz zu schlagen, soll Zahnschmerzen kurieren. (Und dieser Gott beschützt die Nepali recht gut; die

meisten haben wirklich ausgezeichnete Zähne.)

Gleich hinter der Kreuzung auf dem nach dem Holz des Zahnweh-Gottes benannten **Bhangemuda-Platz** (dies bedeutet »krummes Holz«) ein kleiner Vishnu-Tempel mit schönen Dachstreben aus dem 16. Jh. Und auf der Nordseite des Platzes am rechten Ende eines neueren Hauses zwischen dem Hauseingang und dem angrenzenden Geschäft eine etwa 60 cm hohe steinerne ***Buddha-Statue ⓫** aus dem 6. Jh. – im klassischen Gupta-Stil eine der schönsten und ältesten des Landes.

Nördlich säumen die Praxen von Zahnärzten und Kieferchirurgen die Straße – für die Leute, denen der Zahnwehgott nicht geholfen hat. So pittoresk für uns die Ersatzzähne in den Schaufenstern wirken: Hier wird doch ordentlich gearbeitet.

Tipp Sollten Sie das Pech haben, im Urlaub zum Zahnarzt zu müssen, können Sie unbesorgt hier die **Family Dental Clinic** des Kieferchirurgen Dr. Mathema besuchen (Tel. 01/ 260 254, Öffnungszeiten: ab 15 Uhr).

Wenige Meter nach der letzten Zahnklinik stellt rechts in einem ganz neu aus Ziegeln errichteten kleinen Schrein eine filigrane **Steinmetzarbeit** aus dem 9. Jh. Shiva und Parvati auf dem Meru-Berg dar; Nandi, der Stier, viele Götter und Halbgötter steht im Hintergrund.

Dann verdient links der Straße ein kleines Haus besondere Aufmerksamkeit, dessen Obergeschoss ganz ohne Ziegel nur aus Holzschnitzereien und Glasfenstern besteht.

Links führt ein Durchgang zwischen von Löwen gekrönten Säulen zum großen **Kathesimbhu-Stupa ⓬**, im 17. Jh. von König Pratapamalla als

Der Stupa von Kathesimbhu

Kopie des Stupa von Swayambhunath erbaut. Die schönste Statue finden Sie am einfachsten, wenn Sie vom Eingang aus geradeaus auf den Stupa zugehen; hinter einem Dorje/Vajra auf rundem Sockel rechts nach Norden gerade auf einen vergitterten kleinen Schrein zu: Der 1200 Jahre alte ***Avalokiteshvara Padmapani** aus grauem Stein wurde erst in den 1990er-Jahren vergoldet und danach leider durch Gitter und eine Glasscheibe geschützt.

Zu beiden Seiten der Straße bieten nun Geschäfte tibetische Kleidung, Stoffe aus Bhutan, Stoffe für Mönchsgewänder, Brokatstoffe, mit denen z. B. Buddha-Statuen bekleidet werden, Gebetsfahnen als Meterware von der Rolle.

Der **Stupa von Thahity** ⑯ wurde einer Inschrift zufolge 1432 erbaut und 1524 renoviert. In der Nordostecke dieses Platzes beginnen mit Geschäften und Restaurants die südlichen Ausläufer von Thamel.

Infos

Seite 51

Vorwahl (für das ganze Kathmandu-Tal): 01

Tourist Offices gibt es im Flughafen und im neuen Tourist Service Center östlich des Thundikhel, Tel. 256 909; hier hat auch die **Touristenpolizei** ihr Büro, Tel. 247 041. Sehr brauchbare Stadtpläne (grün oder gelb; neueste Ausgabe verlangen) gibt es für etwa 1 DM in jeder Buchhandlung.

Flughafen: Tribhuvan International Airport, 6 km östlich der Stadt; das nationale Terminal wenige hundert Meter nördlich davon. Taxis schalten den Taxameter nie ein und verlangen für die Fahrt in die Stadt 200–250 Rs.

Tipp Wenn Sie beim Heimflug auf Nichtraucher- und Fensterplätze Wert legen, sollten Sie mindestens 3 Stunden vor dem Flug am Flughafen eintreffen.

Busverbindungen: Im Stadtbereich und in die Vororte (bis Dhulikhel und Thankot) fahren Busse vom alten Busbahnhof östlich des Tundikhel, Fernbusse s. S. 36. Die staatlichen *Sajha*-Fernbusse starten am Postamt, und einige Touristenbusse beginnen ihre Reise in Thamel.

Preiswerte und Mittelklasse-hotels konzentrieren sich auf Thamel und die umliegenden Gebiete Chhetrapati und Jyatha. Vier- und Fünf-Sterne-Hotels verteilen sich auf das ganze Stadtgebiet.
▎ **De L'Annapurna,** Durbar Marg, Tel. 221 711, Fax 225 236, annapurna.kathmandu@tajhotels.com. Einer der Klassiker unter den Hotels der Oberklasse. Sehr gutes

Seite 46

Restaurant, eine der besten Bäckereien. ○○○ (ab 140 US $)

▮ **Dwarika's** (südlich von Pashupatinath), Tel. 479 488, Fax 471 379, dwarika@mos.com.np. Die Besitzer wirken als Kulturschützer, kaufen Fenster und Türen, Balken und Dachstreben aus Abrisshäusern und haben um diese um das Hotel herum im traditionellen Stil aufgebaut. Luxuszimmer mit traditioneller Dekoration aber modernster Ausstattung. Schöner Garten. ○○○ (155 US $)

▮ **The Everest,** New Baneswor (an der Straße zum Flughafen), Tel. 488 100, Fax 496 511. Große Zimmer, die auf der Nordseite sind ruhiger und mit Himalaya-Blick. Stündlich kostenloser Shuttle nach Thamel. ○○○

▮ **Harati,** Chhetrapati, Tel. 257 907, Fax 263 429, harati@wlink.com.np. Zentral gelegen, großer Garten. Doppelt verglaste Fenster sorgen für Ruhe. Viele deutsche Gruppen. ○○○

▮ **Hyatt Regency Kathmandu** (an der Straße nach Boudhanath), Tel. 491 234, 490 033, sales.kathmanduhr@hyattintl.com. Das im Sommer 2000 eröffnete Luxushotel ist eines der größten in Nepal. Von den 284 Zimmern und Suiten sind 40 für Nichtraucher reserviert und 3 behindertengerecht ausgestatet. ○○○ (ab 220 US $)

▮ **Himalaya,** Kupondole, Tel. 523 900, Fax 523 909, himalhot@mos.com.np. Hübsch gelegen mit Blick zum Himalaya. Kostenloser Bustransfer nach Kathmandu. Viele deutsche Reisegruppen. ○○○

▮ **Malla,** Leknath Marg (Nord-Thamel), Tel. 418 383, Fax 418 382, malla@htlgrp.mos.com.np. Beliebtes Hotel mit sehr schönem großen Garten. ○○○ (ab 155 US $)

▮ **Shangri-La,** Lazimpat, Tel. 435 741, Fax 435 744, shangrilasales@info club.com.np. Preisgekrönter Garten. Mehrere sehr gute Restaurants. ○○○ (145 US $)

▮ **Shanker,** Lazimpat, Tel. 412 973, Fax 412 691. Individuelle Zimmer in altem Rana-Palast mit Holzschnitzerei, Wandfriesen und halbrunden Fenstern, oder hohe Zimmer mit der Sitzecke über dem Badezimmer. Schöner Garten, ruhig gelegen. ○○○

▮ **Soaltee Holiday Inn Crowne Plaza,** Tahachal, Tel. 272 555, Fax 272 205, crowneplaza@shicb.com.np. Ein Klassiker der internationalen Kettenhotels. ○○○ (DZ ab 180 US $, Suiten bis zu 800 US $)

▮ **Yak & Yeti,** Durbar Marg, Tel. 248 999, Fax 227 781, reservation@yakandyeti.com. Das teilweise in einem über 100 Jahre alten Palast eingerichtete Hotel gilt als eines der besten der Stadt. ○○○ (DZ ab 185 US $; Suiten bis zu 625 US $.) Zu empfehlen ist das Mittagsbuffet (s. S. 52).

▮ **Nirvana Garden,** Chhetrapati, Tel. 256 200, Fax 260 668, www.nirvanagarden.com. Zwei mehrstöckige Gebäude mit hübschem kleinen Garten. Für die zentrale Lage sehr ruhig gelegen (Ausnahme 10–15 Uhr, weil eine Schule nebenan liegt). ○○

▮ **Amar's Hotel,** Tahachal, Kalimati, Tel. 283 493, Fax 217 005, htlamar@wlink.com.np. Zu Fuß 10 Min. westlich des Durbar Square sehr ruhig gelegen. Extrem sauber und preisgünstig, Fahrradbenutzung inklusive. ○

▮ **Garuda,** Thamel, Tel. 416 340, Fax 413 614, garuda@mos.com.np. In Relation zu Sauberkeit und Service sehr preisgünstig. Schöner Dachgarten. ○

▮ **Kathmandu Guest House,** Thamel, Tel. 413 632, Fax 417 133, info@ktmgh.com. Der Klassiker unter den Preiswerten mit sehr vielen Zimmern

unterschiedlichsten Standards.
Wer länger bleibt, bekommt günstige
Wochen- und Monatspreise. ○

▮ **Potala Guest House,** Thamel,
Tel. 220 467, Fax 223 256,
potalagh@wlink.com.np. Beliebtes
Haus am Südrand von Thamel.
Dachterrasse. ○

▮ **Sherpa Guest House,** Thamel,
Tel. 221 546, Fax 278 847,
sghouse@wlink.com.np. Tibetischer
Familienbetrieb in guter Lage.
Dachgarten. Sehr gutes Restau-
rant. ○

▮ **Tibet Guest House,** Chhetrapati,
Tel. 260 383, Fax 260 518. Unter
Leitung einer tibetischen Familie,
die für Sauberkeit und gutes
Betriebsklima sorgt. Garten und
Dachterrasse. ○–○○

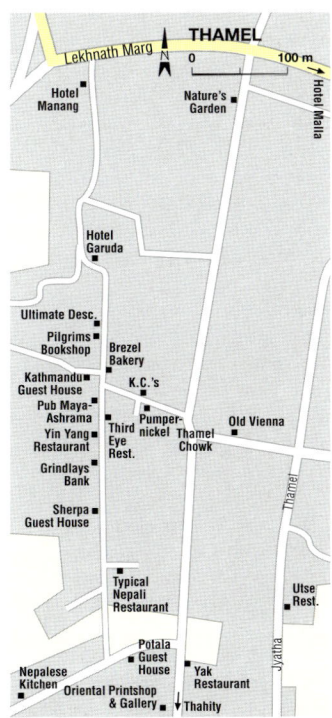

🍴 Zu den Essenspreisen siehe
hintere Umschlagseite.

Seite
46

Einige Beispiele in Thamel:

▮ **Utse Restaurant & Bar,** Jyatha,
Tel. 257 614. Eines der ältesten
Restaurants, seit kurzem in neuen
Räumen.

▮ **K.C.'s Restaurant** (in der »Hauptstraße«), Tel. 416 911. Berühmt und
beliebt für westliche Küche. In der
Saison Reservierung erforderlich.
Gleich gegenüber das Pumpernickel,
ein Gartenrestaurant mit Gebäck und
guten Brötchen.

▮ **Tibet's Kitchen** (im Erdgeschoss des
Sherpa Guest House), Tel. 221 546.
Guter Service. Tibetische Spezialitä-
ten und internationale Küche. Die
Tibetan Pizza sollten Sie probieren.

▮ **Brezel Bakery,** Tel. 417 295. Im
Geschäft Backwaren und die besten
Brötchen; auf der Dachterrasse auch
normaler Restaurantbetrieb.

▮ Das **Yin Yang,** Tel. 267 381, spezialisiert sich auf thailändische, das
Old Vienna, Tel. 419 183, auf österreichische Küche.

**In der Nähe des alten
Königspalastes:**

▮ **Oasis,** Freak Street, Tel. 247 492.
Angenehmes Restaurant mit
kleinem Garten.

▮ Im **Paradise,** gleich gegenüber, gibt
es gutes, rein vegetarisches Essen.

▮ **Ghoomti,** vor dem *Super Market* an
der New Road, Tel. 253 397. Nord-
und südindisches Essen in gediege-
ner Atmosphäre. Wenig Touristen.

**In der Nähe des neuen
Königspalastes:**

▮ **Mike's Breakfast** (Tel. 424 303)
liegt östlich des neuen Palastes. Im
Garten einer Villa frühstückt man mit
gutem Filterkaffee bei klassischer
Musik; auch sonst isst es sich hier gut.

Seite 46

■ Zu empfehlen ist das **Mittagsbuffet** im **Yak & Yeti:** Salate und Suppen, indische, chinesische und europäische Gerichte, Nachtisch incl. Kuchen und Obst, Tee und Kaffee. (ca. 10 $)

Fast alle Restaurants bieten das Nationalgericht Daal Bhaat an, einige aber sind auf nepalische Küche spezialisiert:
■ **Bhanchha Ghar,** Kamaladi, Tel. 225 172. In einem umgebauten alten Newar-Haus wird nepalisches Luxusessen (incl. Fisch und Wildschwein) von leiser traditioneller Live-Musik begleitet. Ein Abendessen hier ist wirklich etwas Besonderes.
■ **Nepalese Kitchen Restaurant,** Chhetrapati, Tel. 260 965. Gartenrestaurant mit reichhaltiger Speisekarte.
■ **Typical Nepali Restaurant,** in einer kleinen Gasse südlich des Sherpa Guest House. Klein und sehr reel.

Nachtleben existiert praktisch nicht; die meisten Restaurants schließen um 22 Uhr. Gute Stimmung bei Live-Musik und etwas längeren Öffnungszeiten bietet in Thamel z. B. **Pub Maya.** Die Bars der großen Hotels sind länger geöffnet. Die vier **Kasinos** (Hotel De L'Annapurna, The Everest, Soaltee Holiday Inn Crown Plaza, Yak & Yeti) öffnen rund um die Uhr.

Tipp Gegen Vorlage Ihres Flugtickets erhalten Sie innerhalb der ersten Woche nach Ihrer Einreise in allen Kasinos kostenlose Chips für einige Probespiele.

In einer **Culture Show** werden überwiegend traditionelle Volkstänze gezeigt. Da diese meist nur in bestimmten Gegenden oder zu bestimmten Festen getanzt werden, hat man außerhalb dieser Vorführungen kaum eine Chance, solche Tänze zu sehen.

Ein gutes Programm bietet die auch schon in Deutschland aufgetretene **New Himalchuli Cultural Group,** Lazimpat, Tel. 415 280, tgl. 18.30 Uhr, etwa 1 Std. Einige Hotels bieten ähnliche Vorführungen während eines Abendessens.

Abends in der schwach beleuchteten Altstadt spazieren zu gehen, ist interessant und ungefährlich. Am frühen Abend spielen die Gläubigen vor manchen Tempeln religiöse Musik.

Tausende Souvenirgeschäfte machen es schwierig, einzelne besonders zu empfehlen. Handgearbeitete Postkarten, Briefpapier, Geschenk-Anhänger, parfümierte Kerzen, Räucherstäbchen und duftende Öle, Gewürze, ja sogar Christbaumschmuck bekommt man hier zu unglaublich günstigen Preisen. Souvenirs, die man nicht überall findet, bieten z. B. **Dawa Arts** (Durbar Marg, gegenüber von KLM, Tel. 228 938) mit Antiquitäten und Gebrauchsgegenständen aus Tibet und Bhutan; oder **Nature's Garden** im nördöstlichen Thamel (zwischen Pilgrim's Hotel und Hotel Thamel, Tel. 420 724) mit Parfüm-Ölen, duftenden Kerzen, schönen Karten und Briefumschlägen.

Für Bücherfans ist Kathmandu ein Paradies – reich ist die Auswahl an englischen Publikationen aus Nepal und Indien. Amerikanische Bildbände sind billiger als in Deutschland. Die größte Auswahl direkt in Thamel (oft leicht überhöhte Preise) bei **Pilgrims Book House.** Günstiger kauft man im **Tibet Book House,** Tridevi Marg, oder im **Mandala Book Point,** Kanti Path. Eine hervorragende Auswahl an englischen Büchern hat **Ratna Book Distributers** in der Gasse zum französischen Kulturinstitut am Westende des Bagh Bazar.

Das Kathmandu-Tal

Seite 55/60

Die Schatzkammer Nepals

Das Kathmandu-Tal befindet sich im Umbruch: Kleine Fabriken liegen inmitten von Feldern, die noch ohne Maschinen bearbeitet werden; im Hof von Computerschulen trocknet der Reis; von breiten Straßen zweigen verwinkelte Gassen ab. Wenn Sie 6 bis 8 Tage für das Tal einplanen, werden Sie belohnt durch vielfältige Eindrücke, wie sie nicht jeder Nepal-Besucher mitnimmt. Wenn Sie wenig Zeit haben, besichtigen Sie zumindest Patan, Bhaktapur, Swayambhunath, Boudhanath – alle zählen zum Weltkulturerbe –, und Pashupatinath, was mindestens zwei Tage in Anspruch nimmt.

Der Degutale-Tempel in Patan

 **Tipp** Die Minibusse von Kathmandu nach Patan sind überfüllt, nehmen Sie besser ein Taxi.

***Patan

Patan (160 000 Einw.) wächst langsam mit Kathmandu zusammen. Dabei ist es eine der ältesten Siedlungen im Tal und war seit dem 15. Jh. die Hauptstadt eines der drei Königreiche (s. S. 20). Als Mitte des 18. Jhs. Prithvi Narayan Shah die Reiche eroberte und Kathmandu zur neuen Hauptstadt machte, verlor Patan seine politische Bedeutung. Geblieben ist der Ruhm der Metall verarbeitenden Künstler; viele der Statuen – auch in den Klöstern Tibets – stammen von hier. Heute noch kann man in den Werkstätten die Herstellung von Statuen, Tempeldächern und Gebrauchsgegenständen beobachten. Wichtige Heiligtümer haben sich in alter Pracht erhalten; der Palast wurde in den vergangenen Jahren restauriert; und ab April findet hier die größte Tempelwagen-Prozession Nepals statt (s. S. 25).

Rund um den Palast

Mangal Bazar wird die zentrale Kreuzung am Südende des Palastplatzes genannt. Die kleine Plattform über den Geschäften der Südwestecke bietet einen ersten Überblick über den von der UNESCO als Weltkulturerbe eingestuften Platz voller Tempel.

Der ***Palast entwickelte sich von der nördlichen Brunnenanlage ausgehend langsam nach Süden, wo recht primitive Figuren von Hanuman, Narasimha und Ganesh den Eingang zum **Sundari Chowk bewachen. Mittelpunkt dieses kleinen Hofes ist das 1646 gebaute königliche Bad, eine Brunnenanlage, deren Wände fast lückenlos bedeckt sind mit mehr als 70 fein gemeißelten tantrischen Gottheiten. Ein Schlangenpaar um den oberen Rand bewacht den Zugang zur Treppe. Gegenüber sitzen auf dem vergoldeten Wasserspeier Vishnu und seine Frau Lakshmi, getragen von Garuda.

53

Auf der Liste des Weltkulturerbes der UNESCO: Patan

Mul Chowk, der Göttin Taleju geweiht, wurde im 17. Jh. erbaut. Das Haupheiligtum im Süden wird von einem Pagodendach markiert. Zu beiden Seiten der Tür die Begleiterinnen Talejus, Personifizierungen der beiden heiligsten Flüsse Indiens: Ganga steht auf einer Schildkröte und Jamuna auf einem *makara,* einem krokodilartigen Fabelwesen.

Auf einer hohen Säule anbetend König Yoganarendra Malla (1684– 1705) vor dem großen **Degutale-Tempel,** der sich wie jener in Kathmandu auf einem geraden dreistöckigen Unterbau erhebt.

Manikeshar Chowk ist der wahrscheinlich älteste Teil des Palastes. Heute zeigt hier das **Patan Museum** fast 900 Statuen und andere Objekte, die hervorragend beschriftet und erklärt sind. Interesse verdient hier vor allem die dem Platz zugewandte Fassade: Das *mittlere der drei Fenster im obersten Stockwerk ist durch eine Platte verschlossen, auf der stehend Avalokiteshvara (= Lokeswar = Machhendranath) dargestellt ist. Diese Platte wurde immer dann herausge

nommen, wenn der König hier dem Volk erschien. Und dieser stand nun über dem kleinen Thron, der die Unterkante des Fensters ziert, für die Buddhisten an der Stelle ihres verehrten Lokeswar und für die Hindus zwischen Garuda und der vielköpfigen Kobra, die den oberen Fensterrahmen bildet – als der Gott Vishnu, als dessen Inkarnation alle Könige Nepals angesehen werden.

Der beeindruckendste Tempel des Palastbezirkes ist ****Krishna Mandir** (1637). Obwohl ganz aus Stein errichtet, wirkt er äußerst filigran. Das Heiligtum im ersten Stock ist nur Hindus zugänglich, aber die feinen Verzierungen und detaillierten Reliefs kann man gut auch von außen betrachten.

Im Norden der Altstadt

Die Altstadt von Patan enthält auf einer Fläche von nur etwa 3 km² über 50 große Pagodentempel, Hunderte von kleinen Heiligtümern und unzählige interessante Geschäfte und Werkstätten. In den Straßen fast ohne Verkehr kann man problemlos zu Fuß auf Entdeckungstour gehen.

Tipp Schauen Sie immer mal wieder nach oben – über langweiligen oder modernen Geschäften befinden sich häufig die schönsten holzgeschnitzten Fenster!

Wichtigstes Shiva-Heiligtum ist der ****Kumbeshwara-Tempel.** 1392 anstelle eines älteren Tempels erbaut, wurde er im 17. Jh. erweitert und ist heute einer von nur zwei Tempeln im Tal, der fünf Dächer hat. Vor dem Haupteingang ruht Nandi, Shivas Reittier. Im Innern hängt über dem großen Linga eine Schale, durch deren Löcher flüssige Opfergaben auf das Heiligtum rinnen. Einige der Stelen und Statuen im Hof sind bis zu 1600 Jahre alt. Begründet wird die Heiligkeit dieses Platzes durch die Quelle in einem Schrein unmittelbar nördlich des Tempels, deren Wasser aus Shivas heiligem See Gosainkund (s. S. 94) kommen soll.

Im Süden des Hofes befindet sich der Schrein der *Bangala Mukhi,* einer Form der Kali, an dem oft mehr Menschen beten als am großen Shiva-Tempel; vor allem an den »Unglückstagen« Dienstag und Samstag läuten die vielen Glocken über der Tür fast ununterbrochen, und dann werden auch Tieropfer dargebracht.

Zwei Steinlöwen bewachen den Eingang zum **Kwa Bahal** mit dem **Hiranya Varna Mahavihar** oder ****Goldenen Tempel.** Schon der Vorhof mit den Statuen über der Tür ist ein kleines Museum; der eigentliche Hof ist überaus reich ausgestattet. In der unteren Ebene des Hofes ist kein Leder erlaubt; die Mühe, Schuhe, Gürtel usw. abzule-

gen, lohnt unbedingt, um die vielen Statuen auf der Brüstung des kleinen Tempels in der Mitte aus der Nähe zu betrachten. Im dreigeschossigen Haupttempel, dessen Fassade von Silber und Goldverzierungen glänzt, werden eine Statue des Buddha Shakyamuni verehrt und ein heiliges, ingoldener Schrift geschriebenes Buch.

Seite 55/60

Im Süden und Osten der Altstadt

Der turmartige **Mahabuddha-Tempel** entstand im 16. Jh. und ist über und über mit Terrakottafiguren und -ornamenten bedeckt.

Tipp Einen guten Überblick bietet das Dach eines Hauses in der hinteren Ecke (gut beschildert).

In den Geschäften und Werkstätten der Umgebung suchen Tibeter und nepalische Buddhisten nach der perfekten Statue; und oft kann man auch bei der Herstellung zuschauen.

*Uku Bahal (auch Oku oder Woku Bahal) ist eines der ältesten Klöster der Stadt, vermutlich schon im 5. oder 6. Jh. gegründet. Besonders sehenswert sind einige Dachstreben aus dem 12. oder 13. Jh. an der Innenseite des

PATAN

Seite 55/60

Tanzender Ganesh in der Torana an der Ostseite des Minanath-Tempels

nach dem Erdbeben von 1988 neu erbauten Einganges. Im Hof stehen neben Chaityas, die teilweise noch aus der Lichchhavi-Zeit stammen, auch relativ neue Figuren, u. a. die Statue eines Rana-Premierministers. Den Tempeleingang bewachen ungewöhnlich viele Wächterfiguren. Messinggitter mit mehreren Statuen bilden die Türflügel, die Halterung für die traditionellen Vorhängeschlösser ist ebenfalls eine beeindruckende Messingarbeit.

Im Hof und um den Brunnen des reich verzierten und bunt bemalten **Minanath-Tempels** liegen viele Teile der riesigen Wagen für die jährliche Prozession des Roten Machhendranath (s. S. 19), als dessen Nachkomme Minanath manchmal bezeichnet wird.

Der dreistöckige, reich geschmückte **Tempel des Raato** (Roten) **Machhendranath** (17. Jh.) beherbergt von Dezember bis April die plumpe, aber kostbar bekleidete Statue des wichtigsten und beliebtesten Gottes der

Stadt. Ihm zu Ehren wird jährlich ab April das größte aller Feste Nepals gefeiert. Nach dem Ende des Festes im Juni zieht er um in seine »Heimatstadt« Bungamati. (Zur Legende siehe Bungamati, S. 70, zum Fest S. 26.)

Teppichfabrik

Im Ortsteil Jawalakhel (sprich Dschaula-Khel) entwickelte sich aus einem Tibeter-Flüchtlingslager der 1950er Jahre eine feste Siedlung. Die große Teppichmanufaktur finanziert soziale Aufgaben der Gemeinde und verzichtet auf Kinderarbeit. In den einzelnen Hallen kann man jeden Schritt der Produktion sehen, und die Verkaufsräume bieten einen guten Überblick über unterschiedliche Stile und Qualitäten (Festpreise).

Carpet Factory,
Tel. 01/525 237, Fax 226 153, Öffnungszeiten: Mo–Fr 9–12, 13–17 Uhr, Fei geschl.

Café De Patan, 50 m westlich von Mangal Bazar, Tel. 01/525 499. Der Klassiker unter den Touristenrestaurants. Das Essen ist gut, Von der Dachterrasse blickt man beim Essen über die Dächer der Altstadt bis zum Himalaya. Angeschlossen sind ein gut sortiertes Souvenirgeschäft mit der besten Auswahl an MCs und CDs mit nepalischer und indischer Klassik und Meditationsmusik.

***Bhaktapur

Die im 12. Jh. gegründete Stadt mit heute etwa 75 000 Einwohnern war bis Ende des 15. Jhs. die Hauptstadt des Kathmandu-Tales. Hier fühlen Sie sich noch heute ins Mittelalter versetzt: bäuerliches Leben in einer

Seite
58/6◀

Kleine Bhairav-Statue, Bhairav-Tempel

Am Töpferplatz

Kleinstadt. Zu sehen sind drei wichtige Tempel und einige Museen; aber den eigentlichen Reiz der Stadt macht die Atmosphäre aus, und man könnte tagelang die Gassen durchstreifen. Die meisten Einwohner Bhaktapurs sind *Jyapu*, eine Untergruppe der Newar: Die Frauen erkennt man leicht an den traditionellen schwarzen Wickelröcken mit roten Kanten, vorne in Falten und hinten etwas höher getragen, so dass sie den Blick auf die blauen Tätowierungen der Fußgelenke freigeben.

Tipp Anstatt direkt in die Nähe des Palastes zu fahren, beginnen Sie Ihre Besichtigung an der Tibet-Straße in der Nähe der Trolleybus-Busstation. Hier breitet sich die Kulisse der rötlichen Stadt vor dem Himalaya mit der Pyramide des Dorje Lhakpa (6990 m) vor Ihren Augen aus.

Töpferplatz ❶
Die schwarze Tonerde südlich der Stadt ist sehr feinkörnig und erlaubt nicht nur den Bauern, die höchsten

Ernteerträge Nepals zu erwirtschaften, sondern dient auch den Töpfern als Lebensgrundlage. Auf den großen Scheiben drehen die Männer Gebrauchsgegenstände vom verzierten Wasserkrug bis zur kleinsten Öllampen-Schale, von der Spardose bis zum Blumentopf. Rund um die beiden Heiligtümer dieses Platzes wird – außer im im Herbst, wenn hier der Reis trocknet – alles in der Sonne getrocknet, verziert, poliert, lasiert und später unter riesigen Strohhaufen gebrannt.

**Taumadhi Tole
Da die Hauptstraße nicht am Palast vorbeiführt, entwickelt sich hier ein zweites Zentrum. Der **Nyatapola-Tempel ❷** auf seinem fünfstufigen Sockel ist der höchste Tempel Nepals. Die fünf Dächer werden von 108 schön geschnitzten Dachstreben gestützt, die Treppe flankieren fünf Paare von Wächterfiguren. Der Name der geheimen tantrischen Göttin im Innern ist nicht bekannt, und niemand darf sie zu Gesicht bekommen, weshalb Nyatapola einfach »fünfstöckig« heißt.

Der **Bhairav-Tempel ❸** im Osten des Platzes hat wieder die für diesen Gott typische rechteckige Form mit

Seite
58/60

dem Heiligtum in ersten Stock, fällt aber durch seine drei Dächer aus dem Rahmen: Nachdem König Bhupatindra Malla den riesigen Nyatapola für seine persönliche und geheime Göttin hatte errichten lassen, stand der vom Volk hochverehrte Bhairav in seinem kleinen Tempel mit nur einem Dach in deren Schatten. Die Legende berichtet, dass »der Bhairav Unruhe stiftete«; richtiger jedoch hat wohl das Volk rebelliert, so dass der König 1717 den Bhairav-Tempel auf seine heutige Größe erweiterte und so die Harmonie auf dem Platz wiederherstellte.

Mitten auf dem Platz lädt das **Café Nyatapola** in einer umgebauten Pagode zu teurem, aber gutem Essen ein – ein perfekter Standort im 3. Stock, um das Treiben auf dem Platz zu beobachten.

Rund um den Palast

Eine von Souvenirgeschäften gesäumte Gasse führt nach Westen zum **Palast,** der einst für seine 99 Höfe berühmt war. Durch die Vernachlässigung seit Ende der Malla-Herrschaft und aufgrund des Erdbebens von 1934 ist nicht viel erhalten, und auch der

Platz davor macht mit wenigen noch verbliebenen Tempeln einen recht leeren Eindruck.

Der 1460 erbaute **Yaksheshvara-Tempel ❹** ist nach König Yaksha Malla benannt, dem Shiva im Traum erschienen war: Er müsse nicht – wie es zu der Zeit für Könige Pflicht war – jeden Tag die weite Reise zum Pashupatinath-Tempel machen (s. S. 64), sondern solle eine Kopie jenes Tempels neben seinem Palast errichten lassen. Nach dem Erdbeben von 1934 wurde er wiederaufgebaut.

Hinter einem Steintempel im Shikhara-Stil hängt die große, der Taleju geweihte **Glocke ❺**. Daneben kniet auf einer Säule der vergoldete

❶ Töpferplatz
❷ Nyatapola-Tempel
❸ Bhairav-Tempel
❹ Yaksheshvara-Tempel
❺ Glocke
❻ Sun Dhoka
❼ Mul Chowk
❽ National Art Gallery
❾ Palast der 55 Fenster
❿ Chyasilin Mandap
⓫ Dattatreya-Tempel
⓬ Pujari Math

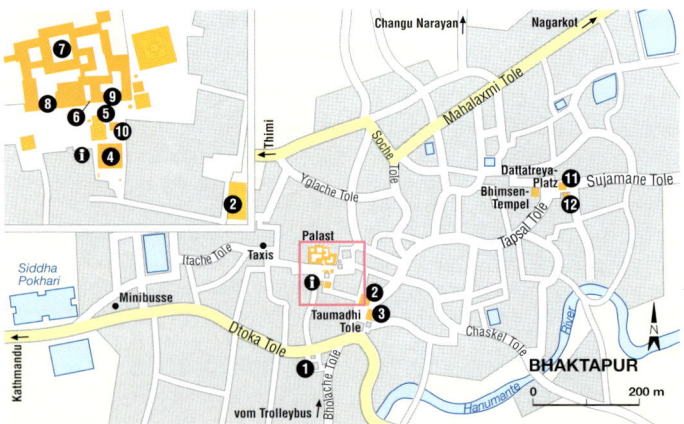

König Bhupatindra Malla anbetend vor seiner wichtigsten Göttin Taleju, die in dem hinteren Hof des Palastes Mul Chowk residiert und zur Palastfront hin durch die ****Sun Dhoka ❻**, die »Goldene Tür«, repräsentiert wird.

Das 1753 aufgestellte Tor ist eine wundervolle Metallarbeit. Reich vergoldet zeigt die Torana über der Tür im Zentrum die zehnarmige Göttin Taleju mit ihren beiden Begleiterinnen, der Türrahmen von unten nach oben Wächterfiguren, Vasen als Glückssymbole, Bhairav und Bhagawati, Ganesh und Kumari sowie zwei Kalis.

Hinter diesem Tor führen Gänge und kleine Höfe bis zur Tür des ***Mul Chowk ❼**. Der darf nicht betreten werden, aber durch die Tür (keine Fotos!) kann man einen Blick werfen auf die farbigen Holzschnitzereien eines der schönsten aller Höfe. Nördlich an den Vorhof schlossen sich einst die Wohngebäude der Könige an, von denen heute nur noch ein Badebecken mit schönem Wasserspeier erhalten ist.

Westlich der Sun Dhoka die weiße Front eines später umgebauten Palastteiles (höhere Stockwerke) mit dem Eingang zur **National Art Gallery ❽** mit einer umfangreichen Sammlung von Thangkas, Statuen, einem *Leporello*-Buch über Pferde, das sich auf eine Länge von über 3 m ausfalten lässt.

Teile der Sammlungen des Museums, u. a. ein königlicher Wohnraum mit Fresken aus dem 17. Jh., sind östlich von Sun Dhoka untergebracht, im **Palast der 55 Fenster ❾** mit einer ununterbrochenen Reihe von Fenstern in der obersten Etage.

Vom zweistöckigen Pavillon **Chyasilin Mandap ❿** beobachtete die königliche Familie Feste und Prozessionen. Beim Erdbeben 1934 wurde er völlig zerstört. Für die von Deutschland finanzierte, 1990 abgeschlossene Restaurierung wurden die besten Holzschnitzer Bhaktapurs engagiert; am Ergebnis kann man gut originale und neu ergänzte Teile vergleichen.

Seite 58/60

Im Osten der Stadt

Richtung Osten führt der Weg über einen freien Platz und durch eine kleine Gasse wieder auf die Hauptstraße, die den Taumadhi-Platz neben dem Bhairav-Tempel verließ. Folgen Sie dieser an traditionellen Geschäften, Brunnenanlagen, kleinen Tempeln und schönen Häusern vorbei, bis sie sich in einem Knick nach rechts zum Dattatreya-Platz (Tachupal Tole) erweitert, an dessen Ende sich der wuchtige **Dattatreya-Tempel ⓫** erhebt. Dattatreya vereint die drei höchsten hinduistischen Götter in einer dreiköpfigen Figur. Der im 15. Jh. errichtete Tempel erhielt erst 1860 seine ungewöhnliche Form: Das Erdgeschoss ist rechteckig; vor dem quadratischen zweiten Stock wurde ein großer Erker angebaut. Rund um den Platz reihen sich neun hinduistische Klöster *(math)* mit aufwändig geschnitzten Fenstern und Erkern, die heute Privathäuser und Werkstätten sowie zwei Museen enthalten.

Filmreife Kulisse

Die Weltkulturerbe-Stadt Bhaktapur wurde mit deutscher Hilfe in 17 Jahren von Grund auf restauriert. Dabei schuf man auch eine Infrastruktur wie Brunnenanlagen und Wasserleitungen und siedelte in der Peripherie eine Kleinindustrie an, die den Bewohnern Verdienstmöglichkeiten schuf. Verewigt hat sich Bhaktapur als Filmkulisse in Bertoluccis »Little Buddha«.

Seite
58/60

Das bekannteste ist **Pujari Math ⑫** aus dem 15. Jh., in dem das **Nationale Holzschnitz-Museum** untergebracht ist. In der obersten Etage sind Statuen und Dachstützen ausgestellt, aber das Gebäude als Ganzes ist mit seinen Fenstern im Innenhof ein Museum feinster Newar-Holzschnitzerei.

An der Ostseite dieses Gebäudes finden Sie in der kleinen Gasse das berühmte Pfauen-Fenster. Nördlich ist in einem weiteren Math das **Messing- und Bronze-Museum** mit einer reichen Sammlung von rituellen und Haushaltsgegenständen untergebracht.

Wenn Sie auf dem Rückweg nicht wieder der Hauptstraße folgen wollen, gehen Sie am kleinen Bhimsen-Tempel am Westende des Dattatreya-Platzes rechts (nördlich) vorbei und immer in westlicher Richtung. An zwei Teichen und einigen schönen alten Häusern vorbei kommen Sie durch kleine Gassen wieder in die Nähe des Palastes.

ℹ Kleines Informationsbüro gegenüber dem Palast. Linienbusse brauchen von Kathmandu knapp 1 Std. Die chronisch überfüllten Minibusse sind nicht zu empfehlen. Trolleybusse ab Tripureswar (nahe dem Stadion) sind bevorzugter Arbeitsplatz von Taschendieben. Taxis fahren diese Strecke nicht nach Taxameter; handeln Sie auf etwa 250 bis 300 Rs. (einfache Fahrt).

🏠 Bhaktapur hat nur äußerst einfache Pensionen in der Umgebung des Palastes.

🍴 Die wenigen für Touristen geeigneten Restaurants liegen an den

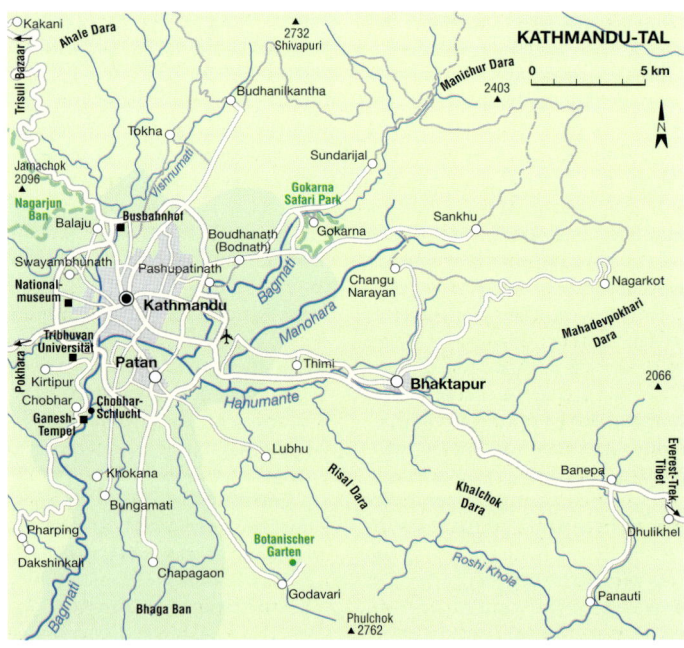

KATHMANDU-TAL

0   5 km

beiden großen Tempelplätzen und am Palast; außerhalb von diesen nur sehr einfache Teeshops.

Spezialitäten Bhaktapurs sind neben den Töpferwaren die Papiermaché-Masken und -Marionetten der Neun Durgas. Thangkas findet man in reicher Auswahl zwischen Taumadhi Tole und Palast; im **Handicraft Center** an der Westseite des Taumadhi Tole (Tel. 01/610 347) wird man bei reicher Auswahl sehr gut beraten. Holzgeschnitzte Fenstermodelle, Falttische, Statuen u. a. in den Galerien auf der Südseite des Dattatreya-Platzes; hier können Sie den Schnitzern bei der Arbeit zuschauen.

***Swayambhunath

3 km westlich von Kathmandu liegt auf einem Hügel ein zum Weltkulturerbe erklärter heiliger Stupa, die legendäre Wiege des Kathmandu-Tales: In vorgeschichtlicher Zeit war das ganze Tal von einem See ausgefüllt, dem die Region ihren äußerst fruchtbaren Boden verdankt. Auf dem See erschien der Gott Swayambhu in Form einer juwelenbesetzten Lotosblüte. Manjushri, ein wichtiger heiliger Mann in Tibet, kam mit seinem Gefolge nach Nepal, um den Gott anzubeten, musste jedoch feststellen, dass dieser – mitten auf dem Wasser – für ihn unerreichbar war. Nachdem er die günstigste Stelle gefunden hatte, spaltete er mit seinem magischen Schwert die Hügel, so dass das Wasser nach Süden abfloss (Chobhar-Schlucht; s. S. 69, 71). Der heilige Lotos befand sich im nun trocken liegenden Tal auf dem Gipfel eines kleinen Hügels. Um das Heiligtum vor Plünderern zu schützen, wurde es in späterer Zeit mit einem Stupa überbaut.

Seite 60/62

Swayambhunath

Tipp Taxis fahren fast bis auf den Gipfel des Hügels; vom Parkplatz aus betritt man den Stupa-Platz von Westen. Interessanter folgt man vom Königspalast der alten Pilgerroute und besteigt den 77 m hohen Hügel über die steile Treppenanlage von Osten.

Auf dem Plateau
Vor dem Stupa ein großer vergoldeter **Vajra A**, dessen trommelartiger Unterbau von den 12 Tieren des tibetischen Kalenders umgeben ist. Dieser, wie auch die Treppenanlage, geht auf König Pratapamalla (17. Jh.) zurück, der viel zur Gestaltung dieses Kultplatzes beitrug. Von ihm stammen auch die beiden weißen turmartigen **Shikaras** (Tempel) **B** zu beiden Seiten, deren geheime Göttinnen hinter immer verschlossenen Türen verborgen sind. Von der Plattform vor der südlichen Shikara bietet sich ein guter Blick über Kathmandu und große Teile des Tales.

Wenn man den ***Stupa **C** im Uhrzeigersinn umschreitet, kann man sei-

Seite
60/62

nen geradezu exemplarischen Aufbau studieren: Die Basis in Form einer Halbkugel wird abgeschlossen von einem vergoldeten Würfel mit den alles sehenden Augen Buddhas. Darüber vier Toranas, jede mit den fünf Buddhas, und 13 Scheiben, die die 13 verschiedenen Himmel repräsentieren. Ganz oben das »Kopfjuwel« und ein goldener Schirm. An der Basis der Halbkugel befinden sich neun vergitterte Schreine: Vier größere weisen in die vier Himmelsrichtungen und sind den Dhyani-Buddhas geweiht; für den Fünften, der im Zentrum sitzt, ist ein zusätzlicher Schrein im Osten leicht versetzt angebracht. Unter jedem Schrein ruht das Reittier des jeweiligen Buddha. Diagonal zwischen den Hauptschreinen finden sich kleinere Schreine für die jeweiligen Shaktis.

Im Südwesten, an der Treppe zum Parkplatz, zeigt ein kleines **Museum ❿** Statuen, die in der Umgebung gefunden wurden – und die auch hier noch angebetet und mit rotem Farbpulver geehrt werden.

Am reich vergoldeten **Tempel der Hariti ❺** drängen sich die Gläubigen, um zu opfern: Die Zeremonien (Fotografierverbot) sind so kompliziert und langwierig, dass Familien sich anmelden müssen. Hariti war ursprünglich eine südindische, Kinder fressende Dämonin, die von Buddha bekehrt wurde. Als Buddhistin wurde sie zur Beschützerin aller Kinder und später – da Kinder oft daran starben – zur Schutzgöttin gegen Pocken.

Die große ***Statue des Shakyamuni ❻**, des historischen Buddha, wurde wahrscheinlich im 17. Jh. erschaffen; Dutzende von Votiv-Stupas und Chaityas wurden von Gläubigen gestiftet. Eine schlanke Chaitya mit vier stehenden Buddhas ganz im Norden stammt noch aus der Lichchhavi-Zeit, etwa aus dem 5. oder 6. Jh.

- ❶ Vajra
- ❷ Shikaras
- ❸ Stupa
- ❹ Museum
- ❺ Hariti-Tempel
- ❻ Shakyamuni-Buddha
- ❼ Shantipur
- ❽ Tibetische Klöster

Shantipur

Einige Stufen führen hinunter nach **Shantipur ❼**, das wohl das Zentrum eines uralten Schlangenkultes war – die *nagas* sind für den Regen zuständig (s. auch Bungamati, S. 70). Ein tantrischer Meister soll bereits seit dem 8. Jh. meditierend in einer Grotte unterhalb dieses Gebäudes sitzen. Neben ihm liegt eine mit dem Blut der Acht Nagas geschriebene heilige Schriftrolle.

Die Wandmalereien im Vorraum zeigen, wie König Pratapamalla sich 1658 nach einer mehrjähriger Trocken- und Dürreperiode durch Meditation und Gebete auf den Besuch der unterirdi-

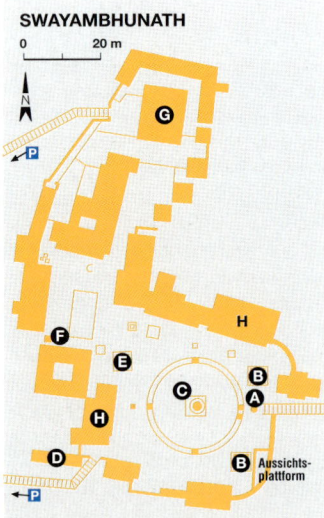

SWAYAMBHUNATH

0   20 m

schen Kammer vorbereitete; sobald er die Schrift entrollte, soll der Regen begonnen haben.

Tibetische Klöster

Die interessanten Innenräume zweier **tibetischer Klöster** ❶ nördlich und westlich des Stupa entführen mit ihren typischen Statuen, mit Opfergaben aus gefärbter Butter, mit Butterlampen und Schalen voll heiligen Wassers in einen ganz anderen Kulturkreis. Im nördlichen Kloster wird zweimal täglich (meist früh morgens und gegen 15 Uhr) mit lauter Musik gebetet: Besucher sind willkommen, Fotografieren ist erlaubt, um Spenden wird gebeten.

Seite
60/62

Bettler

Man fühlt sich bedrängt und weiß nicht, wie man sich verhalten soll. Man versucht, ihnen auszuweichen, wegzulaufen; und dann beobachtet man, dass der Bauer auf Pilgerfahrt Münzen in die Näpfe wirft – und als »reicher Tourist« gibt man nichts. (Und hier ist auch der sparsamste Rucksackreisende noch relativ reich.) Wie viel also und wem soll man geben? Einheimische geben 1/2 bis 2 Rupies; 5 Rs. sind viel, 10 Rs. sind schon fast ein Essen – und das sollte die Obergrenze sein. Beobachten Sie das Verhalten der Bettler: Wer mit seiner Schale am Straßenrand sitzt und auf Münzen wartet (oft Behinderte), dem sollte man etwas geben, wer aber von einem Touristen zum nächsten geht und auch die reichsten Einheimischen gar nicht beachtet, hat schlechte Chancen. Die gleichen Regeln gelten für bettelnde Kinder – vor allem beim Trekking, wo diese leicht mehr »verdienen« als ihr schwer arbeitender Vater.

Eine Ausnahme gilt für die Straßenkinder: Viele kommen aus so zerrütteten – oder aus liebevollen, aber so armen Familien –, dass sie im Westen in einem Kinderheim untergebracht wären. Diese Kinder sind auf Touristen angewiesen, denn der Nepali gibt ihnen in der Regel nichts, weil er meint, sie sollten lieber »was Vernünftiges arbeiten« – was aber einem 10- bis 12jährigen nicht reinen Gewissens empfohlen werden kann. Zurück in die Familie zu gehen ist für viele keine Lösung, und die Zahl der Kinderheime ist viel zu gering. Wenn Sie Zeit und Interesse haben, fragen Sie ein paar dieser Kinder, wo sie essen gehen. Gehen Sie mit und bezahlen Sie das Essen: Für 50 Pfennig pro Person werden Sie mehr von Nepal kennen lernen, als wenn Sie in dieser Zeit noch einen weiteren Tempel besichtigen.

Eine Sondergruppe sind die Männer mit den *sarangi,* den holzgeschnitzten Streichinstrumenten: Die *gaine* sind fahrende Sänger, die einst die Nachrichten von Dorf zu Dorf verbreiteten. Radio und Fernsehen haben sie arbeitslos gemacht, und nun versuchen sie, ihre Instrumente an Touristen zu verkaufen. Wenn ein Gaine in einem Restaurant singt, sollte man ihm immer etwas geben – vielleicht kann man so dazu beitragen, dass diese Kunst nicht ganz ausstirbt.

Seite 60/62

***Pashupatinath und **Boudhanath

Nördöstlich von Kathmandu liegen zwei der wichtigsten Kultstätten Nepals, von der UNESCO zum Weltkulturerbe erklärt: Der Pashupatinath-Tempel ist eines der bedeutendsten Shiva-Heiligtümer des indischen Subkontinentes; der Stupa von Boudhanath war schon in frühester Zeit ein Zentrum des tibetischen Buddhismus.

Tipp Beide Orte sind von Kathmandu per Taxi schnell erreicht. Wer Zeit hat, kann aber von einem Heiligtum zum anderen einen schönen, knapp einstündigen Spaziergang machen, durch Reis- oder Gemüsefelder und durch die dörflichen Vororte.

***Pashupatinath

Von der Straße, in der die Taxis halten, geht man in eine Gasse nach Norden, die man leicht an den vielen Bettlern erkennt – und an den Tischen voller Münzen: Hier kaufen sich Pilger Kleingeld, um ihre Mildtätigkeit möglichst gleichmäßig an alle zu verteilen. Am Ende der Gasse geht es rechts zum Haupteingang des Tempelhofs, darüber ist eine große Darstellung Shivas als Herr der Yogis zu sehen. Ein riesiger Nandi verdeckt z. T. den Blick auf die silbernen Portale.

Tipp Obwohl Tempel und Tempelhof nur für Hindus zugänglich sind, ist es rund um das Heiligtum so interessant, dass man hier leicht einen halben Tag verbringen kann.

Leichenverbrennung

Fast ohne Ausnahme werden Hindus nach ihrem Tode verbrannt; nur dadurch wird die Seele befreit und ist bereit für die Wiedergeburt. Die Verbrennung sollte am Ufer eines Flusses stattfinden, der die Asche dem Ganges oder einem anderen heiligen Fluss zuträgt (alle Flüsse Nepals münden in den Ganges). Die Verbrennung findet kurz nach dem Tod ohne große Vorbereitungen statt. Auch wenn sich die Zeremonien je nach Volksstamm, Kaste oder regionalen Gebräuchen unterscheiden, folgen die Verbrennungen einem allgemein gültigen Ablauf: Die Leiche wird auf einer Bambustrage, mit Stoff bedeckt, zum Flussufer getragen, begleitet von den männlichen Familienmitgliedern; die Frauen trauern zu Hause. Die Männer nehmen ein Bad im Fluss, werden kahl geschoren und ziehen weiße Kleidung an, die sie ein Jahr lang tragen müssen. Die Leiche wird unter dem Tuch entkleidet; alles, was der Verstorbene bei seinem Tod bei sich trug, soll dem Fluss übergeben werden. Derweil schichten Helfer das Holz auf, die Leiche wird auf den Stoß gebettet. Bei Männern soll der älteste Sohn, bei Frauen der jüngste das Feuer anzünden, nachdem er die Leiche dreimal umkreist hat. Wenn der Stoß brennt, kann sich die Familie zurückziehen; die restliche Arbeit erledigen bezahlte Helfer. Um eine menschliche Leiche ganz zu verbrennen, braucht man mindestens 400 kg Holz – Unheil für die Wälder. In den indischen Großstädten wird bereits mit strom- und benzingetriebenen Krematorien experimentiert.

Die Ghats von Pashupatinath

Ein Sadhu, ein »heiliger Mann«

Seite 60

Die »Taxi-Straße« führt nach Osten zum heiligen **Bagmati-Fluss,** der hier einen Hügel durchschnitten hat. Vor den beiden Brücken steht ein kleiner Pagodentempel mit schönen Holzschnitzereien und in einem Ziegelschrein ein Terrakotta-Vishnu (18. Jh.).

Von den Brücken können Sie das Treiben am Fluss beobachten: Flussaufwärts werden am **Arya Ghat** Blumen geopfert, oder man nimmt ein heiliges Bad. Auf den runden Plattformen werden wichtige Persönlichkeiten eingeäschert, Normalsterbliche weiter südlich unter einem Wellblechdach.

Flussabwärts stehen am **Rajarajeshvari-Ghat** unzählige alte und uralte Figuren, u. a. ein Buddha aus dem 6. Jh. und der schief stehende größte aller Lingas, der über 1500 Jahre alt sein soll. Türen führen in die Höfe kleiner Tempel, deren Pilgerunterkünfte armen Familien als Wohnung dienen. Sie leben teilweise davon, die Kleidung der Leichen, halb verbranntes Holz, Zahngold und Schmuck aus dem Fluss zu fischen.

Am östlichen Ufer

Am anderen Ufer gewähren viele Höfe und Hallen »heiligen Männern« Unterkunft: *Sadhus* können verkappte Bettler sein oder gerissene Betrüger, aber auch hochgelehrte Männer auf dem Weg zur Erleuchtung oder psychologische Berater, die den Gläubigen wirkliche Hilfe bieten. Einige haben hier von den Spenden, die sie erhalten, Sozialstationen gegründet, leiten Schulen für mittellose Kinder oder verteilen gespendete Lebensmittel an die Armen. Viele sprechen recht gut Englisch, und eine Unterhaltung ist immer interessant.

Nördlich der Brücken steht am Ostufer eine lange **Reihe identischer kleiner Tempel;** jeder enthält einen kleinen Linga. Hier kann man in Ruhe den Aktivitäten am Arya Ghat zuschauen.

Auf den östlichen Hügeln

Von den beiden Brücken führen Treppen zu einer **Terrasse** mit Bänken, die

Der »Milchtrinker«

In einem der Höfe wird Ihnen der kleine Tempel mit dem Schild *»only the milk drinker«* auffallen: Der über 60 Jahre alte Mann ernährt sich seit rund 20 Jahren ausschließlich von Milch; seine Haare hat er seit mehr als 40 Jahren nicht geschnitten – und der längste der verfilzten Zöpfe ist fast 2 m lang.

Seite
60

einen guten Blick auf den eigentlichen Tempel mit seinen silbernen Türen und vergoldeten Dächern ermöglicht; und hier sitzt man am Rande des Waldes, in dem alles begann (siehe unten).

Die Treppe führt weiter aufwärts über den mit unzähligen Tempelchen und Lingas bedeckten Hügel, dann hinunter zum **Guhjeshvari-Tempel,** der ebenfalls nur von Hindus betreten werden darf und einer der ältesten Kultplätze des Tales ist. Auf dem Weg abwärts sehen Sie nordöstlich die weiße Halbkugel des Stupas von Boudhanath.

Von hier kann man flussabwärts, später über eine Brücke, und dann nach links über einen Hügel nach Pashupatinath zurückkehren; oder man setzt den Weg zu Fuß fort und erreicht in etwa 30 Minuten Boudhanath:

Vor dem Haupteingang des Guhjeshvari-Tempels geht es über die kleine Brücke geradeaus bis zu einem großen Baum, dort nach rechts und auf dem kleinen Weg (links die Siedlung, rechts Felder und Neubauten) immer geradeaus bis zur Hauptstraße vor dem Stupa.

Pashupati und der Linga

Shiva hatte sich als Pashupati (»Herr der Tiere«) in eine einhörnige Gazelle verwandelt und vergnügte sich mit seiner Frau Parvati. Schließlich erinnerten ihn einige der Götter an seine himmlischen Pflichten: Sie packten ihn an seinem Horn, und er musste sich in seine göttliche Form zurückverwandeln, das Horn aber verwandelte sich in einen Linga. Da es ihm hier so gut gefallen hatte, verfügte er, dass Menschen, die nach ihrem Tode an dieser Stelle verbrannt würden, auf jeden Fall als Mensch und nicht als Tier wieder geboren werden sollen. Der Linga wurde verehrt und angebetet, ging aber irgendwann verloren. Jahrhunderte später beobachtete ein Bauer, dass eine seiner Kühe ihr Euter über einem Stein entleerte. Als man an der Stelle grub, fand man den Linga, einen etwa 1 m hohen schwarzen Stein, dem seither Milch, Joghurt und Butter geopfert werden.

Boudhanath (auch Bodnath)

Die Hauptstraße südlich des Stupa ist die Fortsetzung des Diagonalen Bazars (s. S. 43) und damit der alten Handelsstraße nach Tibet. Das Heiligtum ist nur für tibetischstämmige Buddhisten von Bedeutung, also für Tibeter, Ladakhis und die Bergvölker Nepals, nicht aber für die buddhistischen Newar des Kathmandu-Tales. So ist es nicht verwunderlich, dass sich hier seit den 1950er Jahren überwiegend Flüchtlinge aus Tibet angesiedelt haben. Die tibetischen Geschäfte, die in der Umgebung errichteten Klöster und die Pilger, die in stetem Strom den Stupa im Uhrzeigersinn umkreisen, machen den Reiz des Besuches hier aus, während der Stupa selbst zwar durch seine Ausmaße beeindruckt, ikonographisch aber wenig bietet; es fehlen hier sogar die Schreine für die fünf Buddhas, lediglich eine lange Reihe kleiner Statuen des Buddha Amitabha umzieht die Basis der Halbkugel. Der Stupa ist der größte Nepals und in seinem geometrischen Aufbau genauestens berechnet:

Der äußere Radius wird von der Mauer voller Gebetsmühlen gebildet, umgeben vom Pilgerweg. Von Norden

Der Stupa von Boudhanath

kann man das Innere betreten: Über einen dreistufigen Sockel führen die Treppen zur Basis des Stupa, die hier exakt die Form einer Halbkugel hat. Der Radius dieser Halbkugel ist das Maß aller Dinge: Der Stufensockel ist genau gleich hoch, die Gebetsmühlen-mauer hat genau den doppelten Durchmesser.

In Pashupatinath gibt es keine empfehlenswerten Restaurants (auch keine Toiletten). In Boudha-nath: **Stupa View Restaurant,** Tel. 01/480 262. Rein vegetarisches Restaurant; Dachterrasse mit Blick auf den Stupa. ❍
▌ **Bir Restaurant,** etwas westlich des Stupa an der Nordseite der Haupt-straße. Gutes tibetisches Essen und einfachste Unterkunft. ❍

***Changu Narayan

»Schatzkammer Nepals«, Weltkultur-erbe der UNESCO, ältestes Heiligtum des Kathmandu-Tales für Narayan

oder Vishnu – wenn Sie sich für Stein-metzarbeiten und Statuen interessie-ren, sollten Sie hier einen halben Tag verbringen. Der Tempel liegt auf einem Hügel 5 km nördlich von Bhak-tapur und ist nicht ganz einfach zu er-reichen: Am besten, Sie mieten ein Taxi, das Sie direkt hierher bringt (und auch wieder zurück, denn am Tempel gibt es keine Taxis).

Seite 60

Der Platz ist perfekt für ein Heilig-tum: 1550 m hoch auf der letzten Kuppe eines Bergrückens gelegen, der sich von Nagarkot herunterzieht, überblickt er das ganze Tal und ist von überall zu sehen. So entstand hier schon in frühester Zeit ein Kultplatz, als der Vishnuismus noch wichtiger war als der heute dominierende Shi-vaismus. Ein erster Bau mag hier schon im 4. Jh. entstanden sein, gesi-cherte Berichte gibt es seit 464 n. Chr., als der Lichchhavi-König Mandeva hier einen Text in Stein meißeln ließ ❶, der die älteste bisher entdeckte Inschrift in Nepal ist.

Wenn man vom Parkplatz kommt, führt eine breite Treppe durch das kleine Dorf zum östlichen Tor des Tem-pelhofes. Der Tempel in seiner heuti-gen Form wurde im frühen 18. Jh. nach einem Brand neu erbaut. Der quadra-tische Bau mit zwei Dächern ist har-monisch proportioniert und reich aus-geschmückt, die fein geschnitzten Dachstreben stellen Inkarnationen Vishnus dar. Die Türen auf allen vier Seiten sind reich verziert, nur der westliche Haupteingang ist manchmal geöffnet, das Innere aber für Nicht-Hindus tabu. Vor diesem Eingang kniet anbetend ein **Garuda** ❷ aus dem 6. oder 7. Jh., dessen Gesicht (mit Schnurrbart!) wohl die Züge des da-maligen Königs trägt. Daneben stehen in einem eisernen **Käfig** ❸ Statuen König Bhupalendra Mallas (17. Jh.) und seiner Mutter.

Seite
68

Zahlreich sind Schreine und Platt-formen im Hof, die teilweise erst spät errichtet wurden als Basis und Schutz für die viel älteren Statuen, die die Hauptsehenswürdigkeit dieses Tem-pelkomplexes sind. Die Statue des auf Garuda sitzenden **Vishnu ᴅ** aus dem 9. Jh. wird auf dem nepalischen 10-Ru-pien-Schein abgebildet.

Neben den Vishnu-Darstellungen gibt es auch shivaitische und buddhis-tische Objekte (Buddha wird von den Hindus als eine weitere Inkarnation Vishnus gedeutet), u. a. zwei **Avaloki-teshvara,** einen **Shiva-Linga** (beide im Nordosten der Anlage) und einen dem **Pashupatinath** geweihten kleinen Tempel südwestlich des Haupttem-pels.

Die bedeutendsten Arbeiten stehen im Südwesten des Hofes: Eine Statue aus dem 13. Jh. stellt **Narasingha** (»Löwen-Narayan«) **ᴇ** dar, der einem Dämonen die Gedärme aus dem Leib reißt. **Vishnu Vikranta ꜰ** aus dem 9. Jh. zeigt, wie der Gott einen Dämo-nenkönig überlistete, indem er mit drei riesigen Schritten das ganze Uni-versum durchschritt.

Krönung der Steinmetzkunst ist die aus dem 9. Jh. stammende Statue des **Vishvarupa,** des Allgestaltigen **ɢ**: Der zehnköpfige Vishnu beherrscht das Bild von der Unterwelt (mit der Schlange Ananta im kosmischen Ozean) über die Welt (eine weibliche Figur und vier Elefanten) bis zum Him-mel, in dem über vielen niedrigeren Göttern ganz oben Shiva thront.

🏠 **Changu Narayan New Hill Resort,** Tel. 01/680 091. Einfache Lodge mit Gemeinschafts-bad.

🍴 Kleines Touristenrestaurant am Parkplatz; winziges einheimi-sches Restaurant direkt im Tempelhof (Südwestecke).

**Budhanilkantha

Etwa 9 km nördlich von Kathmandu liegt am Fuß der Berge eines der wich-tigsten Vishnu-Heiligtümer Nepals. Der Name hat nichts mit Buddha zu tun – hier soll einst ein alter (= budha) Heiliger namens Nilkantha gelebt haben.

Der 6 m lange schwarze Monolith, den Wissenschaftler ins 7. Jh. datie-ren, zeigt Vishnu, der, getragen von der neunköpfigen Schlange Ananta, Äonen von Jahren auf dem ewigen Ozean ruhte, bis schließlich Brahma aus seinem Nabel erstieg und das Uni-versum, die Welt und alle Lebewesen erschuf. Trotz der steinernen Masse scheint der lächelnd schlummernde Vishnu auf dem Wasser des Beckens zu schweben. Die ihn betreuenden Brahmanen-Priester sind die einzigen, die die Statue betreten dürfen; die

ᴀ Steininschrift
ʙ Garuda
ᴄ Eiserner Käfig
ᴅ Vishnu
ᴇ Narasingha
ꜰ Vishnu Vikranta
ɢ Vishvarupa

CHANGU NARAYAN

0   15 m

N

Shiva-Parvati   Lakshmi-Narayan
ᴅ   ᴀ   Shiva-Linga
ʙ   Avalokiteshvaras
ᴄ   zum Dorf
Pashupatinath-Tempel
ᴇ   ꜰ
ɢ

zur Straße Richtung
Boudhanath

Der berühmte Vishnu von Budhanilkantha

Seite 60

Gläubigen kommen ihr über eine kleine Brücke nahe genug, um Opfergaben abzulegen und Vishnus Füße zu berühren. Leider wird der Gesamteindruck durch ein grobes Betongitter gestört, das es auch dem Fotografen nicht einfach macht. Dies ist die größte und schönste von drei ähnlichen Statuen, die wohl alle zur gleichen Zeit entstanden; die beiden anderen befinden sich in Balaju und im alten Palast von Kathmandu.

Tipp Taxifahrer in Kathmandu schalten den Taxameter nur ein, wenn man zugleich Wartezeit und Rückfahrt bucht, ansonsten muss man den Preis aushandeln. Langsam und gleichmäßig steigend bietet sich der Ausflug aber auch für eine Fahrradtour mit absolut erholsamer Rückfahrt an.

Südlich von Kathmandu

Am südlichen Rand des Kathmandu-Tales liegen einige seltener besuchte Orte, die durchaus einen Ausflug wert sind: Kirtipur und Bungamati sind zwei alte Kleinstädte mit schönen Tempeln; durch die Chobhar-Schlucht verlässt im Bagmati-Fluss alles Wasser das Kathmandu-Tal. Dakshinkali ist eines der spektakulärsten Heiligtü-

mer Nepals: Tausende fahren hierher, um durch blutige Tieropfer Unheil von Haus und Familie abzuhalten oder ein Gelübde zu erfüllen. Dies zu beobachten ist sehr interessant, aber sicherlich nicht jedermanns Geschmack.

Dakshinkali

Dakshin heißt Süden, und Kali ist ein Aspekt der zerstörerischen Form von Shivas Frau Parvati. Diese *»Südliche Kali«* ist die mächtigste – und die am leichtesten zufrieden zu stellende. Etwa 400000 Pilger besuchen sie jährlich (v. a. an ihren speziellen Opfertagen Dienstag und Samstag) und opfern bevorzugt Hähne und Ziegenböcke. Das Blut bekommt die Göttin, den Kopf der Schlächter, alles andere nimmt man wieder mit für ein Festessen zu Hause oder ein Picknick auf den umliegenden Wiesen.

Nach Südosten kann man durch schönen Wald einen kleinen Hügel besteigen, auf dem ein **Tempel für Kalis Mutter** steht.

Auf dem Rückweg sollten Sie einen Stopp an der berühmten **Chobhar-**

Betreten verboten

Die in Dakshinkali vom Parkplatz abwärts führende Treppe wird von Opfergabenhändlern gesäumt. Vor dem zwischen zwei Bächen gelegenen offenen Schrein stehen die Gläubigen Schlange. Durch den Zaun können Sie einen Blick auf die Opfer werfen; hineinzugehen ist nicht erlaubt, und fotografieren in dem Gedränge schier unmöglich. Am Bach sieht man die Metzger bei der Arbeit, die gegen ein Entgelt die Körper der geopferten Tiere küchenfertig säubern.

Seite 60

Schlucht einlegen, die einst Manjushri geschlagen haben soll (siehe Swayambunath, S. 61). Am südlichen Ausgang der Schlucht liegt am Ufer des Bagmati der **Jal-Binayak-Tempel** aus dem 17. Jh. Als einer der wichtigsten Ganesh-Tempel des Tales wurde er über einem Felsblock errichtet, der entfernt einem Elefantenkopf ähnelt.

Tipp Für diesen Ausflug sollten Sie Kathmandu gegen 6 Uhr morgens verlassen (Taxi ca. 40 Min.; Charter für Hin- und Rückfahrt ab 600 Rs., leere Taxis sind am Tempel nicht zu finden). Minibusse sind überfüllt, nach 11 Uhr wird es schon schwierig, einen Bus für die Rückfahrt zu bekommen. Agenturen bieten Dakshinkali als Ausflug für etwa 250 Rs. an.

Tipp Eine schöne Alternative ist das Fahrrad: in der morgendlichen Kühle stetig aufwärts, der Rückweg das reine Vergnügen.

Ashoka Resort, Tel. 01/710 057. Neues Hotel mit Restaurant und Bäckerei, 200 m vor dem Parkplatz. ○

Am Tempel nur sehr einfache Teeshops.

Kirtipur
Der Ort (31 000 Einw.) war einst berühmt für seine kämpferischen Bewohner, die im 18. Jh. dem Eroberer Prithvi Narayan Shah den allerheftigsten Widerstand leisteten – und am Ende dafür hart bestraft wurden: Man schnitt allen männlichen Einwohnern Nase und Lippen ab.

Die kleine Newar-Stadt liegt auf einem Hügel mit zwei Gipfeln. Jede der beiden Erhebungen wird von einem Heiligtum gekrönt:

Im östlichen Teil wohnen überwiegend Buddhisten, und auf dem höchsten Punkt liegt ein kleiner **Stupa** aus dem frühen 16. Jh.; die vorwiegend von Hindus besiedelte »Oberstadt« überragt der 1673 gegründete **Uma-Maheshwar-Tempel** (Shiva und Parvati), der nach 1934 neu erbaut wurde und von dem aus man den ganzen Ort überblickt.

Im Sattel dazwischen beeindruckt der **Bagh-Bhairav-Tempel** aus dem 16. Jh., ein wohlproportionierter Pagodentempel, in dem Bhairav in Form eines Tigers (Bagh) erscheint. Schön sind die Schnitzereien, während von den alten Fresken leider fast nichts erhalten ist.

Die zahlreichen Skulpturen im Hof sind z. T. sehr alt: Gleich neben dem Eingang Muttergottheiten aus dem 4. Jh. und ein ähnlich alter Shiva mit seiner Gattin Parvati. Vom Tempel reicht der Blick über die Universität bis nach Swayambhunath und Kathmandu.

Tipp Bis zu diesem Tempel können Taxis fahren; interessanter aber ist es, in der Nähe des Busbahnhofes auszusteigen und den Ort zu Fuß zu erkunden.

Am Ostende des Naya Bazar mit einigen guten Teeshops liegt ein 1990 von Thailand gestiftetes buddhistisches Heiligtum. Von hier führen Treppen zum Stupa hinauf und traditionelle Gassen zu den beiden Tempeln.

Bungamati
Das newarische Bauerndorf existierte vermutlich schon vor 2000 Jahren, seit dem 6. Jh. gibt es Belege. Im 12. Jh. wurde der Ort berühmt durch die Ankunft des Roten Machhendranath, worüber eine Legende berichtet.

In den verwinkelten Gassen des verkehrsfreien Dorfes können Sie Bauern, Holzschnitzern und Teppichknüpfern bei der Arbeit zuschauen. Der wuchtige **Machhendranath-Tempel** steht in einem weiten Hof, der als Dorfplatz dient und weitere schöne Schreine enthält; interessant ist u. a. eine **Bhairav-Maske** südlich des Tempels, etwas versteckt im ersten Stock.

Nördlich, außerhalb des Dorfes, wird in einem kleinen Tempel Ganesh verehrt, der hier **Karya Binayak** heißt. Über das steile Tal blickt man auf den Ort zurück. Picknickplätze und ein sehr einfaches Gartenrestaurant laden zur Rast ein.

Von hier geht man wieder zur Straße oder erreicht in zehn Minuten das nördlich liegende Dorf **Khokana** mit einem großen Tempel fur Shakali Mai, eine lokale Muttergottheit. Vom Nordende des Dorfes kann man auf einer einfachen, rund 1,5stündigen Wanderung durch die flachen Felder und Dörfer die **Chobhar-Schlucht** (s. S. 69) erreichen und unterwegs immer wieder den Blick auf Kathmandu oder den Himalaya genießen (von Chobar alle Stunde ein überfüllter Bus nach Kathmandu).

Busbahnhof: In Jawalakhel (gegenüber dem Zoo) fahren alle 30 Min.

Seite 60

Bhairav-Maske im Hof des Machhendranath-Tempels

Busse ab. Hier können Sie auch Sammeltaxis chartern.

Tageswanderungen im Kathmandu-Tal

Diese Mini-Trekkings führen mit größeren Steigungen auf einige der das Tal umgebenden Berge, hoch hinaus über Smog und Nebel. Bei klarer

Die Ankunft des Roten Machhendranath

Nach einem Streit mit dem König von Kathmandu fing Gorakhnath die heiligen Schlangen ein, die für den Regen verantwortlich sind. Er formte aus ihnen einen Thron, auf dem er 12 Jahre meditierend saß, während das Tal immer weiter austrocknete. Ein Astrologe empfahl dem König, Gorakhnaths alten Lehrer Machhendranath aus Indien nach Nepal holen zu lassen. Bei dessen Ankunft musste Gorakhnath sich aus Respekt erheben – die Schlangen waren befreit und konnten wieder für Regen sorgen. Seitdem verehren sowohl Hindus als auch Buddhisten Machhendranath als den Regengott. Im Winter residiert er hier in Bungamati, den Sommer verbringt er in Patan (s. S. 53), wo ihm zu Ehren das größte Wagenfest Nepals gefeiert wird, das im Frühjahr beginnt und erst mit der Regenzeit endet.

Sicht bieten sich immer wieder Panoramablicke auf Stadt und Tal, und der Himalaya präsentiert sich als eindrucksvolle Kulisse.

Jamachok (auch Nagarjun)

Auf dem höchsten Gipfel im Nordwesten Kathmandus erkennt man bei klarem Wetter ein weißes Gebäude. Von diesem Stupa und dem daneben stehenden Aussichtsturm überblickt man aus 2096 m Höhe den Himalaya von der Annapurna bis fast nach Sikkim und hat an wolkenlosen Nachmittagen wohl den besten Blick auf Kathmandu. Der ganze Berg ist von dichtem Wald bedeckt, der Wildbestand in dem ehemaligen Jagdschutzgebiet der Ranas wird gut bewacht.

Nördlich von Balaju liegt an der Straße nach Trisuli der Eingang zum Schutzwald. (Mäßiger Eintritt; aber für Videokameras werden etwa 50 US $ Gebühr verlangt!). Von hier erreicht man den Gipfel auf eindeutigem Weg, zunächst steil, dann gemütlicher, in 1,5 bis 2 Std. (man kann auch bis zum Gipfel fahren). Nehmen Sie genügend Getränke mit, es gibt weder Restaurants noch Teeshops.

Busverbindungen: Minibusse nach Balaju oder Richtung Trisuli sind sehr voll; besser Taxi (von Kathmandu zum Gipfel und zurück ab 1000 Rs., 4–5 Std.).

Tipp Für die Rückfahrt bietet sich ein Stopp im **Balaju Water Garden** an. Der ehemals königliche Park mit 22 Wasserspeiern aus dem 18. Jh. und einer Kopie des ruhenden Vishnu von Budhanilkantha aus dem 7. Jh. ist heute beliebtes Picknickgelände mit einem öffentlichen Schwimmbad.

Gemüseanbau im Kathmandu-Tal

Shivapuri

Seite 60

Nordöstlich von Boudhanath liegt der zweithöchste der das Tal umgebenden Berge (2732 m). Für den weniger vollständigen Blick auf den Himalaya entschädigt hier die vielfältige Vegetation und der reiche Tierbestand dieses Wasser- und Naturschutzgebietes (Eintritt; Video-Gebühr 50 US $). Die in Sundarijal beginnende Trekkingroute Richtung Helambu/Langtang (s. S. 94) führt östlich am Gipfel vorbei; weitere mögliche Startpunkte sind Budhanilkantha, oder Boudhanath und Gokarneswar, von wo ein Weg über den auffallenden, von Süden nach Norden verlaufenden Bergrücken führt.

Tipp Die Wege im Wald sind zahlreich und nicht beschildert, so dass man sich für diese Tagestour einem Guide anvertrauen sollte.

Oberhalb von Sundarijal ein Dorf mit einigen Teehäusern; ansonsten ist man überall auf Selbstversorgung angewiesen.

Phulchok und Godavari

Im Süden, hinter Godavari, liegt der höchste Berg des Kathmandu-Tales. Trotz intensiven Holzabbaus ist die Vegetation in den verschiedenen Höhenlagen noch sehr abwechslungsreich, blühende Rhododendren und zahlreiche Orchideen gaben ihm den Namen: Phul heißt Blume.

Die Fahrt nach **Godavari,** etwa 20 km südöstlich von Patan, führt auf guter, gemächlich steigender Straße durch interessante Newar-Dörfer und bietet schöne Ausblicke auf den Himalaya. Im gepflegten Botanischen Garten gedeiht eine Vielzahl von Pflanzen, u. a. Orchideen, Farne, Kakteen und in einem Teich Lotos. Unterhalb liegt ein heiliges Wasserbecken, an dem alle 12 Jahre ein großes Fest stattfindet

»eite
60

(zuletzt 1991); ein Bad während des Festes befreit einen Hindu von allen Sünden.

Von Godavari führt der recht eindeutige Wanderweg in etwa 3 Std. zum Gipfel des **Phulchok** (2762 m), den neben einem Schrein für die Göttin Phulchoki Mai auch ein Sendemast ziert. Die Straße zum Gipfel ist nur für Jeeps zu bewältigen.

Busverbindung: vom Lagankhel-Busbahnhof im Süden Patans.

Godavari Village Resort,
Tel. 01/560 675. Fax 560 777, godavari@godavari.wlink.com.np. Mitten in den Reisterrassen mit schönem Himalaya-Blick, ideal gelegen für einen Erholungsaufenthalt. ○○○

Am Gipfel des Phulchok weder Restaurant noch Tea Shops.

Die Himalaya-Aussichtsorte

Wer das Gebirgspanorama genießen möchte, ohne einen Berg besteigen zu müssen, dem seien einige Dörfer in idealer Lage empfohlen. Da oft schon am späten Vormittag über den Bergen die ersten Wolken aufziehen, ist es ratsam, hier zumindest eine Nacht zu verbringen. So sieht man nicht nur die Berge im besten Licht, sondern kann auch den Sonnenaufgang über dem Himalaya erleben.

Alle Dörfer sind leicht per Taxi oder Bus erreichbar, einige Hotels mit Büro in Kathmandu sorgen selbst für den Transport.

Nagarkot

12 km nordöstlich von Bhaktapur bildet ein 2100 m hoher Bergrücken die östliche Begrenzung des Kathmandu-Tales. Vom ursprünglich unbesiedelten Gipfelgrat bieten Lodges und Restaurants beeindruckende Aussicht über das Tal, endlose Terrassenfelder und einen guten Teil des Himalaya: Sieben Achttausender sind von hier zu sehen, wenn auch der Everest hinter näher gelegenen Bergen nur als kleine Spitze erscheint. Im Norden bilden Ganesh Himal, Langtang, Dorje Lhakpa und Gauri Shankar eine beeindruckende Kulisse.

Hotel Country Villa,
Tel. 01/680 127 (Hauptbüro in Kathmandu Tel. 01/221 012, Fax 417 395), hcvilla@col.com.np. Das Hotel liegt am Nordrand von Nagarkot mit einem freiem Blick auf die Berge. ○○

■ **The Farmhouse,** 4 km hinter Nagarkot am Fahrweg nach Sankhu, Tel. 01/228 087. Das komplett renovierte alte Newar-Haus gehört zum Hotel Vajra in Kathmandu (vajra@mos.com.np.); mit Kamin und kleiner Bibliothek. ○○

■ **Peaceful Cottage and Café Du-Mont,** Tel. 01/680 077. Einfache Zimmer und ein beeindruckendes Aussichtsrestaurant. ○

Dhulikhel

32 km östlich von Kathmandu auf 1440 m Höhe gelegen, war die Kleinstadt einst ein wichtiger Stopp auf der Handelsroute nach Tibet. Dass die Gewinne sprudelten, beweisen die Häuser mit reichen Schnitzereien und schöne Tempel.

Nachdem es zunächst nur einfache Lodges direkt im Ort gab (von dem man für den Himalaya-Blick 30 Minuten zu einem Grat aufsteigen muss), hat Dhulikhel sich in den letzten Jahren durch den Bau außerhalb gelegener Hotels zum mondänsten der Aussichtsorte entwickelt.

*Kleine Erfrischung für Wanderer:
Frischer nepalesischer Tee*

Angeboten werden auch Programme für mehrtägige Aufenthalte mit Ausflügen zur tibetischen Grenze und geführten Wanderungen.

 Dhulikhel Mountain Resort,
an der Straße nach Tibet,
Tel. 011/61088 (in Kathmandu
Tel. 01/420 774, Fax 420 778): E-Mail:
dmrktm@wlink.com.np. Bungalows,
die in Stil und Farbe (Ziegelsteine,
Strohdächer) den traditionellen Dorfhäusern nachempfunden sind und
sich sehr schön in die Landschaft des
8 ha großen Geländes
einpassen. ○○○
■ **Dhulikhel Lodge Resort,** Tel. 011/
61114 (in Kathmandu Tel. 01/247 663,
Fax 222 926), dlr@dhuli.mos.com.np.
Kurz vor Dhulikhel nördlich der Straße
zieht sich die gepflegte Anlage in
Terrassen am Hang entlang; jedes der
Zimmer bietet einen Blick auf die
Berge. Die Küche ist exzellent und die
Informationen vom äußerst engagier-

Seite 60

ten und hilfsbereiten Manager ausgezeichnet. ○○
■ **Hotel Himalayan Panorama,**
Tel. 011/610 64, Hauptbüro in Kathmandu: Tel. Fax 01/240 451; E-Mail:
himalayan@panorama.wlink.com.np.
Die preiswerte Alternative, wenn man
bereit ist, für den umfassenden Blick
auf die Berge 3–5 Minuten weit zu
gehen. Schöne Zimmer und gutes
Essen. ○

Daman

An der alten Straße nach Indien
(s. S. 80) liegt auf 2322 m Höhe, etwa
75 km von Kathmandu entfernt, das
kleine Dorf Daman. Das Panorama von
hier ist aufgrund der größeren Entfernung wohl das umfassendste: Fast
400 km Himalaya vom Dhaulagiri im
Westen bis zum Kanchenjunga an
Nepals Ostgrenze, von den Vorbergen
bis zum weit in Tibet gelegenen Shishapangma.

Daman ist der einzige der drei Orte,
von dem die überragende Größe des
Everest deutlich zu erkennen ist.

 Everest Panorama Resort,
Tel. 057/40 382;
Fax 057/40 380 (in Kathmandu
Tel. 01/415 372, Fax 416 029); E-Mail:
everestpanorama@bestviews.wlink.
com.np. 2,5 km hinter Daman und
100 m neben der Straße bietet die
großzügige Anlage schöne Zimmer,
geführte Wanderungen, Angeln,
Fahrräder, Ponys. ○○○
■ **Daman Mountain Resort.** Das staatliche Tented Camp rund um den
Aussichtsturm bietet einfache Zeltunterkunft (2 Betten, Gemeinschaftstoiletten). Kein Restaurant, keine
Reservierungsmöglichkeit. ○

Zwei primitive **Lodges** bieten
einfachste Zimmer und die einzigen Restaurants im Ort.

**Pokhara

Urlaubsparadies vor der Kulisse des Himalaya

200 Straßenkilometer westlich von Kathmandu und fast 400 m tiefer gelegen, ist Pokhara (95 000 Einw.) mit seinem subtropischen Klima und seiner reichen Vegetation ein wahres Urlaubsparadies. In den Gartenrestaurants am Ufer des Phewa-Sees mit Blick auf den berühmten Fischschwanz-Berg und andere Himalaya-Riesen kann man sich gut erholen. Angenehme Hotels und Pensionen – fast alle mit Garten und Dachterrasse –, gute Restaurants sowie zahlreiche Ausflugsmöglichkeiten lassen die Tage wie im Fluge vergehen.

Der Phewa-See vor traumhafter Kulisse – Bootsfahrt sehr empfehlenswert

Einst besiedelten Gurung das Tal von Pokhara. Erst im 14. Jh. ließen sich auch Brahmanen und Chhetri dort nieder. 1786 wurde Pokhara von Prithvi Narayan Shah, der auch die Königsstädte im Kathmandu-Tal erobert hatte, in das neue Königreich eingegliedert. Jahrhundertelang ein wichtiger Umschlagplatz im Handel mit Tibet, bis vor wenigen Jahren das Ende aller Straßen, sieht man auch heute noch am Stadtrand die Maultierkarawanen, die das gesamte Annapurna-Gebiet mit allem Notwendigen versorgen. Pokhara ist Ausgangspunkt vieler Expeditionen und Trekkings Richtung Annapurna und Dhaulagiri.

Die Seen

Phewa Tal ❶ (*tal* heißt See) ist mit 4 km Länge der zweitgrößte See Nepals – er verdankt diese Größe einem alten Staudamm an seinem östlichen Ende. Fischreich bietet er eini-

gen Einheimischen den Lebensunterhalt und den Touristen neben dem frischen Fisch in den Restaurants vor allem Kulisse und Freizeitvergnügen: Das Wasser ist sauber genug zum Baden, und die Ruder- und Segelboote (Motoren sind nicht erlaubt) kann man mit oder ohne »Chauffeur« stunden- oder tageweise mieten. So erreicht man leicht das gegenüberliegende bewaldete Ufer oder den Tempel für Barahi, eine wildschweinköpfige Form der Schutzgöttin Ajima, auf einer kleinen Insel.

Begnas Tal und **Rupa Tal** sind weitere Seen in der Ebene von Pokhara; 15 km östlich der Stadt erreicht man sie per Bus oder Fahrrad.

Die Stadt

Der weitläufige Ort macht den Eindruck eines zu groß gewordenen Dorfes mit einem kleinen Geschäftszentrum aus hässlichen Betonhäusern. Anders als in Kathmandu wird man hier nicht tagelang durch die Gassen einer Altstadt streifen, die wenigen Sehenswürdigkeiten kann man in einigen Stunden besuchen. Lieber genießt man schöne Landschaft, macht Spaziergänge am Seeufer und in die umliegenden Dörfer, Fahrradtouren

Seite 78

Das Annapurna-Massiv

*Opfergaben vor einem verehrten Baum,
Bhindhyabasini-Tempel*

durch das weite flache Tal oder Pony-Trekking (s. S. 34). Pokhara ist ein Paradies für Faulenzer, man sitzt lesend im Garten, lernt in den Cafés andere Reisende kennen und tauscht Informationen aus.

Nördlich des Flughafens und etwa 4 km vom Seeufer entfernt liegen der Busbahnhof und das moderne Zentrum der Stadt, das seinen Namen **Mahendra Pul** von der Brücke (= *pul*) erhielt, die gegenüber dem Postamt die tief in den Kalkstein geschnittene Schlucht des Seti-Flusses überspannt. Das ***Regionalmuseum ❷** vermittelt einen Überblick über Volksstämme, Haushalts- und Farmgeräte, Kleidung und Schmuck, Handwerk und Reisanbau.

Weiter nördlich liegt der dörfliche Bazar der ursprünglichen newarischen Kleinstadt mit dem **Bhindhyabasini-Tempel ❸,** der einer Form der Bhagawati geweiht ist, der auch Tieropfer dargebracht werden.

Das Himalaya-Panorama

Ganz im Westen sieht man gerade noch den Gipfel des Dhaulagiri I (8167 m). Dann beginnt die Annapurna-Gruppe ganz links mit dem Annapurna Süd, hinter dem ganz unscheinbar der 8091 m hohe Annapurna I liegt. Dominierend in der Mitte der 6977 m hohe Machhapuchhare Betonung auf dem »u«, alle drei »a« sind kurz), der von hier aus wie eine gleichmäßige Pyramide wirkt – den Doppelgipfel, dem er seinen Namen verdankt (wörtlich »Fisch-schwanz«), sieht man erst weiter westlich, z. B. von Naudanda aus.

Rechts davon etwas im Hintergrund der breite Rücken des Annapurna III (7555 m), dann der lang gestreckte Grat mit 2 Gipfeln: Links die felsige Spitze des Annapurna IV, rechts mit der geschwungenen felsigen Flanke Annapurna II (7937 m). Nordöstlich der Stadt der mächtige Lamjung Himal (6983 m) und, weit im Osten, Himalchuli, ein Vorberg des Manaslu.

Ausflüge

Seite 78

Außerhalb der Stadt kann man im Norden die **Mahendra-Höhle** besuchen, eine kleine Tropfsteinhöhle, beliebtes Ausflugsziel bei einheimischen und indischen Touristen.

2 km südlich des Flughafens liegt neben der Straße nach Indien der **Devin's Fall ❹**, in dem der aus dem Phewa-See kommende Bach 100 m tief in eine Grotte stürzt. Die Tibeter aus dem ehemaligen Flüchtlingslager jenseits der Straße bieten hier interessante Souvenirs an.

Weitere Ausflüge führen in Bergdörfer mit Himalaya-Blick. Eine Wanderung (oder ein Taxi) bringt Sie nach **Sarangkot**, das auf dem Bergrücken nördlich des Sees liegt. Vor dem Bau der Straße nach Baglung war **Naudan-**da der erste Übernachtungsort auf dem Jomosom-Trekking; heute erreicht man es per Bus oder Taxi. Einfache Lodges in beiden Orten.

Vorwahl von Pokhara: 061

Tourist Information Center, gegenüber dem Flughafen, Tel. 20 028.

▮ **Immigration Office,** 100 m nördlich der Rastra Bank. Im nächsten Haus die **Himalayan Rescue Association.**

▮ Flüge per Ultra-Light-Flugzeug, Pony-Trekking und Fallschirmspringen s. S. 34.

Flughäfen: Kathmandu, Jomosom, Bharatpur (Chitwan). Nepal Airlines (RNAC), Tel. 20 040.
Busverbindungen: in alle Touristenzentren; Tansen, Bhairahawa, Sonauli.

In der Stadt gibt es nur einfache Pensionen, in der überwiegend nepalische Geschäftsreisende übernachten. Einige der besten Hotels liegen leider recht ungünstig gegenüber dem Flughafen.

Schöner wohnt man in der Nähe des Sees, entweder in der **Lake Side** genannten Gegend am Nordostufer oder etwas ruhiger südöstlich davon an der **Dam Side.** An der Lake Side sind die Nebenstraßen ohne Verkehr wesentlich ruhiger, aber je weiter nördlich oder westlich man wohnt, desto mehr verdeckt der Hügel von Sarangkot den Blick auf den Himalaya.

▮ **Shangri-La Village,** Gharipatan, Tel. 22 122, Fax 21 995, hosangp@ village.mos.com.np. Etwas abseits in einem großen Park. Gebäude im Stil von Dorfhäusern. Pool mit Wasserfall. ○○○

❶ Phewa Tal
❷ Regionalmuseum
❸ Bhindhyabasini-Tempel
❹ Devin's Fall

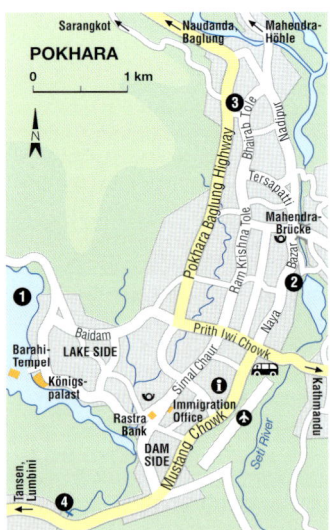

An der Lake Side (von Osten nach Westen):

- **New Baba Lodge**, Tel. 21 997, Fax 20 981. Sehr sauber, aber kleine Zimmer. Bester Blick auf die Berge. ❍❍
- **Fish Tail Lodge**, Tel. 20 071, Fax 20 072, fishtail@Lodge_mos.com.np. Der Ableger des »De L'Annapurna« in Kathmandu ist das einzige Hotel direkt am Seeufer. ❍❍❍
- **Hotel Lake Side**, Tel. 22 614, Fax 25 050, samrat@cnet.wlink.com.np. Alteingesessenes Hotel, 1997–1999 neu erbaut. Hilfreiche Rezeption. ❍
- **Snowland**, Tel. 26 372, Fax 21 896. Zentral gelegenes, alteingesessenes Haus mit gut ausgestatteten Zimmern. ❍–❍❍
- **Monal**, Tel. 21 459, Fax 20 958, snowland@cnet.wlink.com.np. Eines der besten der ganz zentral gelegenen Hotels, deutsch-nepalisches Management. ❍–❍❍

An der Dam Side:

- **City Annapurna**, Tel. 21 241, Fax 21 878, vardan@mos.com.np. Hübsche saubere Zimmer, auffallend großer Garten. ❍
- **Garden**, Tel. 23 681. Schön und sauber, hilfsbereites Personal. Dachterrasse, kleiner Garten. ❍

In Pokhara gibt es keine der oft überteuerten Hotelrestaurants. Viele Restaurants vermieten auch Zimmer; und fast jede Pension hat auf ihrem Gelände auch ein Restaurant – häufig unter eigenen Management und durchaus empfehlenswert.

Wirklich schlechte Restaurants sind in der Tat sehr selten, und man sollte sich bei der Auswahl nicht nur von der Speisekarte leiten lassen, sondern viel mehr von der Atmosphäre, dem Publikum und der Art der dort gespielten Musik.

Seite **78**

Unter den oben genannten Hotels finden Sie besonders empfehlenswerte Restaurants im **New Baba** (Steaks, Fisch, Gulasch; große Portionen, schneller Service; sehr gutes Frühstück), **Lake Side** (gemischt), **Snowland** (indisch, chinesisch, mexikanisch, westlich), **Monal** (österreichische Spezialitäten, frischer Filterkaffee).

- **The Vegetarian Veranda** (weit im Osten der Lake Side) bietet gutes, rein vegetarisches Essen (südindisch, indisch, westlich), abends von Tänzen und Musik begleitet.
- **Lan Hua Chinese Restaurant** (gegenüber Palasteingang), Tel. 26 847. Unter chinesischer Leitung bietet es 128 verschiedene Gerichte.
- **The Hungry Eye** (am Westende des Palastes), Tel. 23 096, Fax 23 089. Beliebtes Restaurant mit Gebäck und gutem Speiseeis; Bar. (Hotel ❍❍.)
- **Billy Bunter** (westlich des Hotel Meera), Tel. 26 592. Sehr gutes Essen jeder Richtung.
- **Once upon a time**, Tel. 31 881. Sieht aus wie ein kleines Hexenhäuschen und bietet internationale und nepalische Küche.

Gegenüber mehrere Restaurants am Seeufer, die Kuchen und frische Brötchen in schönen Gärten bieten:

- **Fewa Park Restaurant & Bakery**, Tel. 21 183 (tgl. 19–20.30 Uhr kostenlose Kulturshow)
- **Boomerang Restaurant & German Bakery**, Tel. 21 978

Das meiste kommt aus Kathmandu oder Patan. Nur die *Shaligram* – schwarze Steine mit eingeschlossenen Versteinerungen – stammen aus dem oberen Kaligandaki-Tal und könnten hier etwas billiger sein als in Kathmandu.

Seite 85

Der Süden

Himalaya-Panorama und subtropischer Urwald

Der Chitwan-Nationalpark ist das bekannteste Ziel im Süden des Landes: Hoch auf dem Rücken von Elefanten können Sie Tiere beobachten, auf geführten Spaziergängen die Vogelwelt erforschen und die Dörfer der Ureinwohner besuchen. Die meisten Besucher fahren (oder fliegen) direkt in den Nationalpark und anschließend nach Kathmandu zurück. Jedoch kann man Chitwan sehr gut in eine Rundreise durch das südliche Nepal integrieren. Auf der alten Straße nach Süden übernachten Sie in Daman (s. S. 75) und bewundern den Sonnenaufgang über dem Himalaya. Oder Sie fahren am Trisuli-Fluss entlang und machen einen Abstecher nach Gorkha zum alten Palast der Shah-Könige. Abenteuerlustige legen einen Teil dieser Strecke mit einer Rafting-Tour zurück. Lumbini ist als Geburtsort Buddhas ein wichtiges Pilgerziel. Über Tansen – wieder mit schöner Aussicht auf den Himalaya –, erreichen Sie dann Pokhara (s. S. 76). Für eine Reise durch den Süden sollten Sie etwa eine Woche veranschlagen.

Alle Routen nach Süden und Westen verlassen das Kathmandu-Tal hinter Thankot über einen kleinen Pass, an dem deutlich wird, dass das Tal ein Hochplateau ist: Auf langen Serpentinen führt die Fahrt mehrere hundert Meter abwärts nach **Naubise** (25 km). Hier gabelt sich die Straße: Links die alte Straße nach Indien, eine gewagte Passstraße, die Höhen von fast 2500 m erreicht; geradeaus die Straße, die den Flusstälern folgt.

Über die alte Straße nach Süden

Der 1956 fertig gestellte **Tribhuvan Rajpath,** eine technische Meisterleistung, war die erste Straße, die Kathmandu mit der Außenwelt verband. 34 km von Naubise erreicht sie auf etwa 2000 m Höhe das fruchtbare Palung-Tal, dessen Felder von Newar-Bauern bewirtschaftet werden. Steil geht es dann hinauf nach **Daman** (s. S. 75) und wenige Kilometer weiter zum höchsten Pass dieser Route (2438 m).

Die nächsten 50 km führen fast 2000 Höhenmeter kontinuierlich abwärts in die kleine Industriestadt **Hetauda.**

Tipp Die wenig befahrene Strecke ist auch bei Radfahrern beliebt, erfordert jedoch gute Kondition und mindestens ebenso gute Bremsen.

50 km südlich ist bei **Birganj** die Grenze nach Indien erreicht. Etwa 60 km westlich liegen Tandi Bazar und Bharatpur, Ausgangspunkte für einen Besuch im Chitwan National Park.

Entlang dem Trisuli-Fluss

Folgt man in Naubise der Hauptstraße, trifft man nach 25 km auf den von Norden kommenden Trisuli-Fluss, dem die Straße nun für 60 km folgt.

Das kleine Dorf **Mugling** besteht fast ausschließlich aus Restaurants; nahezu alle Linienbusse legen hier eine Pause ein. Am Ortsende vereinigt sich der Trisuli mit dem von Westen aus dem Annapurna-Gebiet kommenden Marsyangdi Khola.

Wenn Sie für einen Teil Ihrer Anreise nach Chitwan eine Schlauchbootfahrt gebucht haben (entweder beim

Der Trisuli-Fluss bei Mugling

Stadtbüro Ihres Chitwan-Hotels oder bei einem der auf S. 33 empfohlenen Rafting-Spezialisten), dann lernen Sie auf diesem leichtesten und beliebtesten von Nepals Wildwasserflüssen das Land von einer ganz anderen Seite kennen. Wo genau Ihre Bootsfahrt mit einer ausführlichen Einweisung beginnt, hängt von der Jahreszeit und dem Wasserstand ab, aber auch von Ihrer Entscheidung, ob Sie einen, zwei oder drei Tage auf dem Fluss verbringen wollen. Die besseren Agenturen bieten ein abwechslungsreiches Programm mit Fotostopps und kleinen Ausflügen, mit Bademöglichkeit und perfekter Verpflegung in den Zeltlagern direkt am Ufer. Auf dem Fluss wechseln sich gemütliche Stellen beschaulichen Dahingleitens ab mit leichten Stromschnellen, in denen auf Kommando des Guides alle gemeinsam paddeln müssen. Die längsten Programme führen maximal bis nach Narayanghat, von wo Sie Ihre Lodge im Nationalpark erreichen.

Die Straße von Mugling folgt dem Fluss nach Süden bis **Bharatpur** (Flughafen). Der »East-West-Highway«

führt östlich über Tandi Bazar nach Hetauda und weiter über Janakpur bis Darjeeling.

Seite 85

Abstecher nach Gorkha

Nördlich von Mugling liegt auf einem Berg das Heiligtum **Manakamana,** das Sie auf einer vierstündigen Wanderung von von Abu Khaireni aus oder mit Nepals einziger Seilbahn erreichen. Diese Erscheinungsform der Göttin Bhagawati soll alle Arten von Wünschen erfüllen, und so bitten an diesem beliebten Pilgerziel Paare um Glück in der Ehe, Studenten um Erfolg bei den Prüfungen, Politiker um einen Sieg bei den Wahlen und Eltern um Reichtum für ihre Kinder.

Die westlich von Mugling nach Norden abzweigende Straße endet 15 km nördlich der Marsyangdi-Brücke in der Kleinstadt **Gorkha,** am Südhang eines Hügels, auf dessen Gipfel die alte Festung der Shah-Könige liegt. Diese beherrschten von hier aus das umliegende Land, bis im 18. Jh. König Prithvi Narayan Shah das Kathmandu-Tal eroberte. Der ab 1606 erbaute Palast wurde von newarischen Holzschnitzern aus Kathmandu ausgeschmückt. Zugänglich sind jedoch nur die Höfe.

Allein die Lage des Palastes und der beeindruckende Blick auf den Himalaya lohnt den fast einstündigen Aufstieg: Das Panorama reicht vom Dhaulagiri bis zum Ganesh Himal, mit dem 8163 m hohen Manaslu im Zentrum. Auch die noch sehr ursprüngliche Kleinstadt, fast ohne Autoverkehr und nur selten von Touristen besucht, lohnt einen Aufenthalt.

Busverbindungen: Von Kathmandu 5 Std., von Pokhara 4 Std., an der Abzweigung von der Hauptstraße in Minibusse umsteigen.

Seite 85

Nur einfachste Pensionen und Trekking-Lodges. Angenehmere Übernachtungsmöglichkeiten bieten einige neuere Hotels in der Umgebung der Talstation der Manakamana-Seilbahn, etwas östlich von Mugling direkt an der Straße: z. B. **Manakamana Village Resort** (Tel. Kathmandu 01/252 560, Fax 252 570, om@hons.vom. np.; ○) oder **Riverside Springs** (Tel. in Kathmandu 01/241 408, Fax 232 163, nangint@ ccsl.com.np.; ○○).

So nah kommen Sie hoch zu Elefant zum Beispiel Nashörnern

**Chitwan National Park

Mit dem 932 km² großen Park hat man sich vor allem den Schutz des Nashorns und des bengalischen Königstigers zum Ziel gesetzt. Er wurde 1984 in die UNESCO-Liste des Weltnaturerbes aufgenommen. 70 % des überwiegend flachen Geländes sind von Sal-Wäldern bedeckt, 20 % von Elefantengras; den Rest teilen sich Auwälder und, auf den Höhen der im Osten bis zu 800 m aufragenden Hügel, Nadelbäume. Im Park leben mindestens 43 Säugetier-, rund 550 Vogelarten und einige Reptilien (s. S. 13, 14).

Nationalpark-Gebühr: 1000 Rs., unabhängig von der Dauer des Aufenthalts (ist bei den meisten Anbietern nicht im Preis enthalten und vor Ort zu bezahlen).

Die »Lodges« (Resorts) innerhalb des Nationalparks bieten guten Standard und perfekte Organisation, haben wenig Besucher und achten sehr darauf, dass die Natur in ihrer Umgebung intakt bleibt. Im Preis (100–250 US $ pro Person) ist nicht nur Vollpension, sondern auch das gesamte Programm enthalten, ein gut geplanter Wechsel aus Ausflügen, Information und Freizeit. Wenn man länger als eine Nacht bleibt, gibt es interessante Nachlässe. Sie werden in Bungalows oder Häusern aus einheimischem Baumaterial oder in festen Zelten mit Feldbetten und Schrank (Dusche gleich nebenan) unterge-

Ausrüstung

Ins Reisegepäck für den Chitwan National Park gehören Fernglas, genügend Filme (auch hochempfindliche für Fotos früh morgens und gegen Abend im Wald!), Taschenlampe, Mückenschutzmittel, Badekleidung, Sonnenschutz, Sonnenhut und -brille, feste (Turn)Schuhe, lange Hosen, Kleidung in Farben, die in der Natur nicht auffallen, und zwischen November und Februar auch ein leichte Pullover.

Bedenken Sie, dass die Lodges innerhalb des Parks außer der Hotelbar keinerlei Einkaufsmöglichkeiten bieten. Also genügend Batterien, Filme, Medikamente, Süßigkeiten, Zigaretten usw. mitnehmen.

Ein »Zelt-Zimmer« in einer der besseren Lodges in Chitwan

bracht. Die Hotels vermitteln auch den Transport bzw. den Transfer vom Linienbus oder Flughafen in Bharatpur.

▌ **Tiger Tops** ist die älteste und berühmteste Lodge im Park. Stilvolle Gebäude, Aussichtsrestaurant am Hang. Neben der ursprünglichen Anlage mitten im Park auch Zeltunterkunft auf einer Insel im Narayani-Fluss sowie Unterkunft in einem Dorf außerhalb des Parks. In Kathmandu Tel. 01/411 225, Fax 414 075, info@ tigermountain.com.
▌ **Gaida Wildlife Camp** zählt ebenfalls zu den alteingesessenen. In Kathmandu Tel. 01/434 520, Fax 434 297, gaida@mos.com.np.
▌ **Machan Wildlife Resort** bietet als Besonderheit einen Swimmingpool. In Kathmandu Tel. 01/245 402, Fax 240 681, machanwildlife@mail. com.
▌ **Temple Tiger** hat besonders große »2-Zimmer-Zelte«. In Kathmandu Tel. 01/221 585, Fax 220 178.
▌ **Island Jungle Resort** liegt ganz abgeschieden auf der größten Insel im Narayani-Fluss. In Kathmandu

Tel. 01/229 116, Fax 225 615; E-Mail: island@mos.com.np.

Seite 85

▌ **Tipp** Eine preisgünstige Alternative ist die Unterkunft im kleinen Dorf **Sauraha** außerhalb des Parks. Mit dem Linienbus Richtung Hetauda fahren Sie 30 Minuten von Bharatpur bis Tandi Bazar; dort warten zahlreiche Jeeps, um Sie die letzten 7 km zu transportieren. Nur die besseren Hotels bieten dort auch ein komplettes Programm an oder helfen zumindest bei der Organisation:

▌ **Jungle Lagoon Safari Lodge,** Tel. 056/80 126, in Kathmandu 01/242 900, Fax 231 347. Hübsche Zimmer mit Bad; solargeheiztes Wasser.
▌ **Royal Park Hotel,** 056/80 061, in Kathmandu Tel. 01/412 987, Fax 411 085, royal@parkhotel.wlink. com.np. Das Hotel unter deutscher Leitung mit Bibliothek und einer Sammlung alter Fotografien ist auch auf Behinderte eingerichtet, für die sogar Elefantenritte, Kanu- und Jeepfahrten organisiert werden. Direkt am Fluss gelegen. Sehr günstige Angebote für drei Tage (inkl. Vollpension und Programm 120 US $ pro Person).
▌ **Jungle World Nepal** in Odra, etwas westlich von Sauraha, Tel. 056/60 180, Fax 60 101, in Kathmandu Tel. 416 683, Fax 419 436; jwn@mail-com.np. Zimmer in Hütten mit Bad, Heißwasser, Veranda. Drei-Tages-Angebote etwas teurer als Royal Park.

****Lumbini**

Der Pilgerort wurde 1997 von der UNESCO in die Liste des Weltkulturerbes aufgenommen. Hier wurde im 6. Jh. v. Chr. Siddharta Gautama, der

Seite 85

später Buddha, als Prinz der Shakya-Dynastie geboren. Lange war hier ein wichtiges buddhistisches Zentrum: 249 v. Chr. ließ der indische Kaiser Ashoka hier eine seiner Säulen errichten; mehr als 1000 Jahre später berichteten chinesische Mönche von zahlreichen Tempeln und Stupas. Unter hinduistischem und später islamischem Einfluss in Nordindien (erst seit 1856 gehört Lumbini zu Nepal) geriet der Ort in Vergessenheit; erst 1896 wurde die Ashoka-Säule in dichtem Dschungel wieder entdeckt. Seit den 1970er-Jahren wird mit Beteiligung der UNO und einem guten Dutzend Ländern entwickelt und geforscht.

Alle wichtigen Sehenswürdigkeiten finden sich in unmittelbarer Nähe des **Heiligen Wasserbeckens.** Zwischen **Ashoka-Säule** und dem großen **Pipal-Baum** liegt der unscheinbare **Maya-Devi-Tempel:** Das Relief im Innern ist durch 2000 Jahre Anbetung bis zur Unkenntlichkeit abgegriffen; eine neuere Kopie zeigt Buddhas Geburt. Ausgrabungen auf dem ganzen Gelände legen immer wieder Mauern von Klöstern und Basen von Stupas frei. Und in der Umgebung bauen die buddhistischen Vereinigungen verschiedener Länder zahlreiche Klöster, jeweils im landestypischen Stil.

Flughafen: in Bhairawa, tgl. Verbindung mit Kathmandu.
Busverbindungen: von Bhairawa meist völlig überfüllt; besser Taxi.

Lumbini Garden New Crystal, in Kathmandu Tel. 01/228 011, Fax 228 028, ajsthapit@mos.com.np. Neu eröffnetes Luxushotel ganz in der Nähe der Ruinenstätten. ○○○
▮ **New Lumbini Village Lodge** bietet einfachste Unterkunft in dem kleinen Dorf südlich der Sehenswürdigkeiten. ○○

Tansen

Die untouristische Kleinstadt (auch Tansing oder Palpa; 14 000 Einw.) liegt 3 km westlich der Hauptstraße etwa 1400 m ü.d. Meer am Südhang des 1524 m hohen Bergrückens **Shrinagar Danda,** der zu den Mahabharat-Bergen gehört und nach Norden einen freien Blick auf den Himalaya bietet. Ab dem 15. Jh. war es die Hauptstadt eines mächtigen Königreiches, das erst seit 1806 zu Nepal gehört und heute im Distrikt Palpa liegt. Die Mehrheit der Einwohner des Distriktes sind Maga. Zwei Drittel der Stadtbewohner jedoch sind Newar, die ihr in Architektur und Kunsthandwerk deutlich ihren Stempel aufdrückten. Die Gebäude in Ziegelstein und Holzschnitzerei lassen einen an das Kathmandu vergangener Jahrhunderte denken; jedoch sind die Ziegel hier aufgrund der anderen Erde auffallend leuchtend rot.

Das kühle Klima und die freundlichen, aber zurückhaltenden Bewohner machen einen Besuch zu einem angenehmen Erlebnis. Die größte Sehenswürdigkeit ist die Stadt selbst: Abseits des Busbahnhofs gibt es nur wenige moderne Häuser und fast keinen Autoverkehr; ziegelsteingepflasterte Gassen ziehen sich zwischen traditionellen Häusern den steilen Hang hinauf.

In der Mitte des Ortes liegt in einem kleinen Garten der 1927 erbaute **Tansen Durbar,** dessen nördlicher Eingang das größte Tor Nepals sein soll; der einstige Palast ist heute Verwaltungssitz. Der 1815 zur Erinnerung an den Sieg über die Briten erbaute **Bhagawati-Tempel** nordwestlich des Palastes wurde nach dem Erdbeben von 1934 neu errichtet. Sehenswerter ist im Osten der Stadt der **Amar-Narayan-Tempel,** eine schöne Pagode im typischen Newar-Stil inmitten eines kleinen Waldes. Von hier führt Richtung Süden die Straße hinunter zum **Tundikhel,** dem Paradeplatz, einer großen Wiese mit Aussicht in das weite Tal, auf der sich gegen Abend der halbe Ort zu versammeln scheint.

Tipp Wer Zeit hat, kann Wanderungen in die interessante Umgebung unternehmen; die Magar in ihren kleinen Dörfern sind freundliche Leute. Die Möglichkeiten reichen vom zweistündigen Spaziergang bis zum zehntägigen Trekking nach Pokhara oder das Kaligandaki-Tal aufwärts.

Busverbindungen: von Butwal stündlich, 2 Std. Fahrt; nach Pokhara 6–7 Std. schöne Fahrt, immer wieder Himalaya-Blick. Fernbusse direkt von/nach Tansen meist nur 1x tgl., aber jeder Bus auf der Strecke But-

Seite 85

wal-Pokhara hält an der Abzweigung (von dort Minibusse in den Ort).

Hotel Srinagar, Tel. 075/ 20 595, Fax 20 590. Westlich des Ortes auf dem Bergrücken; fantastische Aussicht. (Vom Busbahnhof 20–30 Min. zu Fuß.) ○○
▪ Zwei empfehlenswerte Hotels liegen nordwestlich des Busbahnhofs in der Altstadt: **Gauri Shankar Guest House** und **Hotel The White Lake** bieten schöne Zimmer mit heißem Wasser (kein Telefon). ○

Westliches Essen und eine Speisekarte gibt es nur in den besseren Hotels. Rund um den Busbahnhof sehr einfache einheimische Restaurants. In der Altstadt zahlreiche Snack-Restaurants, die eine gute Möglichkeit bieten, Leute kennen zu lernen oder zu beobachten.

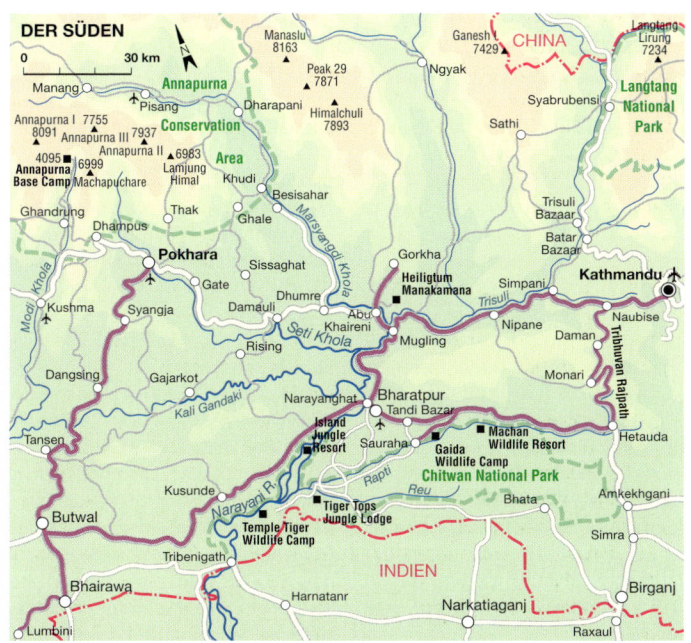

Seite 91

Trekking

Unterwegs in der Bergwelt

Trekking ist das neudeutsche Wort für das, was man in den Alpen Hüttenwanderung nennt, mit dem Unterschied, dass es in Nepal keine Berghütten gibt, sondern man von Dorf zu Dorf wandert oder seine eigene Campingausrüstung mitführt. Kaum ein Land hat sich so auf diese Art des Wanderns eingestellt wie Nepal, und nirgends wurde der Service so perfektioniert.

Trekking-Permits werden für die gängigen Gebiete (Helambu, Langtang, Annapurna, Everest, Rara) nicht mehr benötigt. Für Mustang, Manaslu und andere Gebiete muss man sie vor dem Trekking beim Immigration Office (s. S. 98) beantragen. Die Eintrittsgebühren für die Nationalparks und das Annapurna-Schutzgebiet (1000 Rs.) kann man während des Trekkings bezahlen.

Flüge in den Trekking-Gebieten können wetterbedingt ausfallen. Planen Sie daher unbedingt einige Reservetage ein. Empfehlenswert ist es, sich das Trekking von einer guten Agentur (s. S. 37) in Kathmandu organisieren zu lassen – diese haben auch gute Beziehungen zu Fluggesellschaften, und helfen, eine neue Reservierung zu bekommen, wenn ein Flug ausfällt.

Rettungsflüge kann man vom Trekking aus nur anfordern, wenn in Kathmandu jemand für die Bezahlung garantiert. Sprechen Sie mit Ihrer Agentur – Voraussetzung ist allerdings, dass Sie dort eine schriftliche Verpflichtung hinterlegen, dass Sie im Falle des Falles für alle Kosten aufkommen.

Lodge oder Zelt?

Zelt-Trekking ist komfortabler – die Agentur stellt die Ausrüstung vom Zelt bis zum Kochtopf, Sie werden begleitet von Führer, Träger und Koch – der für die einfachen Verhältnisse exzellente Mahlzeiten serviert. Man muss keine Speisekarte studieren und keine Abrechnung überprüfen. Beim Lodge-Trekking (»Tea House Trek«) übernachtet man in Gasthäusern mitten im Dorf und bekommt mehr vom nepalischen Alltag mit. Die Häuser sind jedoch sehr unterschiedlich ausgestattet – vom Bettgestell auf dem Dachboden über das mit Brettern abgeteilte »Zweibettzimmer« bis zu Zimmern mit Dusche. Wenn Sie es nicht schätzen, Ihren Schlafsack jeden Abend auf eine andere Matratze zu legen (das Laken wird nur einmal pro Saison gewaschen), wählen Sie das Zelt. Wenn Sie preiswert und interessant reisen möchten, entscheiden Sie sich für die Lodges.

Auswahl der Trekkingroute

Viele Entscheidungen beruhen auf völlig falschen Vorstellungen, auf Fehlinformationen und der individuellen Interpretation von Begriffen wie »Trittsicherheit«, »schwierig« oder »überlaufen«.

In der Regel geht man auf Wegen oder Trampelpfaden, nur ganz selten nimmt man einmal die Hände zu Hilfe. (Wenn es geschneit hat oder nach einem Erdrutsch kann sich das allerdings ganz schnell ändern!) Außerdem bewegt man sich meist in bewohntem Gebiet; den Zwang, einen bestimmten Übernachtungsort noch erreichen zu müssen, gibt es daher nur selten. Viele der Wege sind die »Hauptstraßen« dieses Landes; hier versor-

Seite 91

Zelt oder Lodge? Wer die Wahl hat, hat die Qual

gen Träger- oder Maultierkarawanen die hoch in den Bergen gelegenen Dörfer und Kleinstädte. Allerdings führen die Wege ständig hinauf und hinunter, und da in diesem jungen Gebirge die Täler sehr tief eingeschnitten

Naturschutz

Nehmen Sie in einem Plastikbeutel alles wieder mit, was nicht verrottet – und das sind in diesen Höhenlagen auch jede Art von Folien- oder Aluverpackungen. Bringen Sie Wasserentkeimungsmittel mit und kaufen Sie kein Mineralwasser, das ausschließlich in Plastikflaschen angeboten wird. Verzichten Sie auf Lagerfeuer und die heiße Dusche, wenn das Wasser nicht solar, sondern auf dem holzbefeuerten Küchenherd erhitzt wird. In Lodges, die noch auf Holz kochen, kann man viel Energie sparen, wenn alle Trekker gleichzeitig und möglichst wenig verschiedene Gerichte bestellen.

sind, sind Auf- und Abstiege von 1000 m keine Seltenheit. Unebenheiten und lose Steine sind die Regel. »Trittsicherheit erforderlich« heißt daher nicht, dass man irgendwo abstürzen würde, sondern dass man zwischen Wurzeln und losen Steinen sicher gehen können muss, ohne sich den Fuß zu verstauchen.

Im Unterschied zu den Alpen wandern Sie auf 2500 m durch dichten Wald, auf 3500 m übernachten Sie in einer Kleinstadt mit wöchentlichem Markt, auf Höhe des Montblanc gibt es immer noch Sommersiedlungen.

Ein »völlig überlaufenes Trekking-Gebiet« bedeutet, dass Ihnen an einem Tag etwa sechs Gruppen und 20 bis 30 Individualisten entgegenkommen – kein Grund, sich vom Besuch dieses Gebietes abhalten zu lassen.

Höhenkrankheit

Durch den Mangel an Sauerstoff und den reduzierten Luftdruck kann ab etwa 3000 m auch der durchtrainierteste Sportler höhenkrank werden. Auf englisch heißt die Krankheit *Acute*

Seite 91

Mountain Sickness (AMS); Symptome können Kopfschmerzen, Appetitlosigkeit, Schlaflosigkeit, Übelkeit, Erbrechen, Lethargie u. a. sein, wobei auch ein einziges von diesen bereits ein Alarmsignal sein muss. Es gibt keine medikamentöse Behandlung, bei schweren Anzeichen muss man unbedingt sofort absteigen – jedes Jahr sterben in Nepal einige Touristen daran! Zeigen sich erste leichte Symptome, kann man so lange bleiben, bis sie völlig verschwunden sind – viel trinken, entspannt sitzen und tief atmen (auch nachts, liegend atmet man zu flach).

Akklimatisieren Sie sich also besser langsam an die Höhe. Ab 3000 m sollte keine Übernachtung mehr als 500 m über der vorherigen liegen. Wo sich dies nicht vermeiden ließ, bleibt man anschließend zwei Nächte. Wichtig sind ausreichend Schlaf und Flüssigkeitsaufnahme (Faustregel: 1 l pro Tag je erreichte 1000 Höhenmeter).

Tipp Meiden Sie Nikotin und Alkohol, essen Sie häufig nur kleine Portionen und gehen Sie langsam mit ausreichend Pausen.

Ausrüstung

Das Wichtigste sind gut eingelaufene Trekkingschuhe, ein guter Schlafsack, die Reiseapotheke und Sonnenschutz. Die Kleidung richtet sich nach Saison und Höhenlage und kann von der Badehose bis zur Daunenjacke reichen. Sie können alles in Thamel gebraucht und neu preiswert erstehen, die Qualität ist recht gut. Die Hotels in Kathmandu und Pokhara bewahren kostenlos für Sie auf, was Sie beim Trekking nicht benötigen.

Die Lufttemperatur sinkt pro 1000 Höhenmeter um durchschnittlich 8 °C, während die Intensität der UV-Strahlung bei gleichem Höhenunterschied um 14 % zunimmt. Verpflegung bekommt man unterwegs, Fleisch und Obst jedoch nur selten. Schokolade, Bonbons, Nüsse u. Ä., Batterien und Filme nehmen Sie besser aus Kathmandu oder von zu Hause mit.

Saison

Innerhalb der Trockenzeit (Okt.-Apr.) hat jede Zeit ihre Vor- und Nachteile: Von Oktober bis Februar ist der Himmel strahlend blau, ab November wird es aber in höheren Lagen extrem kalt – von Dezember bis Mitte Februar sollte man sich auf Trekking unter 3500 m beschränken. Ende Februar bis April blühen die Rhododendren, ganze Berghänge leuchten in Rot und Rosa, aber mit zunehmender Temperatur wird es immer dunstiger. Schlechtes Wet-

Mit Guide und Porter?

Mancher Reisende, der Trekking ohne Agentur auf die Beine stellt, hat auch noch den Ehrgeiz, seinen ohnehin nicht sehr schweren Rucksack selber zu tragen. Da die häufiger begangenen Wege leicht zu finden sind, braucht man eigentlich keine Begleitung. Jedoch machen englisch (oder sogar deutsch!) sprechende Führer das Leben viel angenehmer: Sie sind perfekte Organisatoren, zeigen den Weg, helfen an schwierigen Stellen, kennen die besten Lodges. Zusätzlich sollte man einen Träger engagieren, der für nur 5–8 $ pro Tag zwei Rucksäcke trägt; es macht das Wandern so viel angenehmer, wenn man unbeschwert läuft und

ter, und damit gelegentliche Schneefälle, kann es zu jeder Zeit geben.

In der Regenzeit machen Erdrutsche und Blutegel das Wandern in tieferen Lagen zur Qual. In den nördlichen Gebieten jedoch, in denen es im Schatten der Berge weniger regnet (Mustang, Everest), werden Sie durch angenehme Temperaturen und grüne Landschaft entschädigt.

Tipp Wenn Ihr Trekking nicht in große Höhen führen soll, vermeiden Sie die Hauptsaison: Viel weniger Touristen sind zwischen Ende November und Mitte Februar unterwegs – mit Ausnahme der Weihnachtsferien.

Ablauf eines Trekkings

Da es unmöglich ist, im Rahmen dieses Reiseführers mehrere oder gar alle möglichen Wanderrouten zu be-

Seite 91

schreiben, beschränkt sich der folgende Text auf die drei wichtigsten Trekking-Gebiete und beschreibt ein typisches mehrtägiges Trekking ausführlich. So erhalten Sie eine Vorstellung von den Tagesabläufen, Steigungen und Übernachtungen. Angegeben sind die Durchschnittszeiten vieler Trekkinggruppen. Alle Angaben sind *reine Gehzeit ohne jede Pause.* Wenn Sie das Land genießen möchten, fotografieren, zwischendurch Tee trinken und gemütlich zu Mittag essen, rechnen Sie mindestens 50 % dazu.

Annapurna-Gebiet

Etwa die Hälfte aller Trekker in Nepal entscheiden sich für das Annapurna-Gebiet – mit gutem Grund: Leicht zu erreichen und gut erschlossen, bietet es auf einer Vielzahl von Routen etwas

nicht für jedes Blumenfoto erst den Rucksack absetzen muss. Viele haben ein schlechtes Gewissen, wenn sie selber nur den Tagesrucksack tragen, dieser kleine Nepali aber zwei große Rucksäcke schleppt. Bitte lösen Sie sich von dieser Vorstellung! Zu tragen ist sein Beruf; und wenn Sie ihn nicht engagieren, gibt es nur zwei Alternativen: Entweder trägt er für einen einheimischen Händler bei schlechterer Bezahlung das doppelte Gewicht; oder er steht weiterhin arbeitslos in der Stadt und wartet auf Kunden.

Sherpa als Synonym für Träger zu verwenden, ist ein weit verbreiteter Irrtum. Die Sherpa sind ein Volksstamm (s. S. 16) – was natürlich nicht

ausschließt, dass ein Sherpa als Träger arbeitet. Von manchen Agenturen wird Sherpa als »Berufsbezeichnung« für die untergeordneten Guides verwendet, auch wenn diese aus anderen Volksgruppen stammen – was die Sache nicht richtiger macht. Der heutige Träger (unabhängig von seiner Herkunft) wird Porter genannt.

Engagieren Sie auf keinen Fall Führer und Träger »von der Straße weg«, sondern lassen Sie sie sich von jemandem empfehlen, der sie kennt und weiß, wo sie wohnen. Wenn die Hotelrezeption dies nicht vermitteln kann, macht das am sichersten eine Agentur.

Seite 91

für jeden Geschmack und für unterschiedlichste Leistungsfähigkeit. Auf einem Trekking von nur wenigen Tagen Dauer kommt man den Bergen beeindruckend nah; in drei Wochen kann man das ganze Gebirgsmassiv umrunden. Landschaftlich ist es wohl eines der schönsten und abwechslungsreichsten Gebiete Nepals.

Das berühmteste und besterschlossene aller Trekkings – der **Jomosom-Trek** – folgt einer jahrtausendealten Pilgerroute im Tal des Kali Gandaki zum Heiligtum von Muktinath. Das »Tiefste Tal der Welt« führt zwischen den beiden Achttausendern Annapurna und Dhaulagiri hindurch: Die Gipfel liegen etwa 5,5 km höher als das Tal und sind weniger als 20 km vom Fluss entfernt. Die Übernachtungsmöglichkeiten sind zahlreich; Trekking von 6 bis 14 Tagen ist möglich.

Für das Trekking nach Muktinath mit Rückflug von Jomosom nach Pokhara braucht man 11–12 Tage.

Trekking-Glossar

Chang	= Nord
Col	= Pass
Deorali	= Pass
Khola	= Fluss
La	= Pass
Lho	= Süd
Ling	= Berg
Nup	= West
Phedi	= Beginn eines Aufstiegs
Pokhari	= See
Pul	= Brücke
Shan	= Berg
Shar	= Ost
Tal	= See
Tatopani	= Heißes Wasser
Tse	= Gipfel
Tsho	= See

Die Umrundung der gesamten Annapurna-Gruppe (16–20 Tage) sollte man auf der Ostseite beginnen, um sich durch den langsameren Anstieg besser an die große Höhe zu akklimatisieren. (In umgekehrter Richtung müsste man von Muktinath zum Pass 1600 Höhenmeter aufsteigen.) Die Überschreitung des Thorong La ist ein anstrengendes Unternehmen in großer Höhe und sicher nichts für unerfahrene Spaziergänger. Wenn es geschneit hat, ist der Pass gefährlich oder für Tage unpassierbar, der Weg nicht zu finden.

Eine typische Trekkingtour (Pokhara → Ghorepani → Pokhara)

Der Rundweg vermittelt einen guten Eindruck von der nepalischen Landschaft und dem überwiegend von Gurung besiedelten Gebiet. Nach 6 Wandertagen erreicht man gemütlich wieder die Straße; die wohlorganisierten Dörfer, allen voran Gandrung, lohnen jedoch auch einen mehrtägigen Aufenthalt. Durch zahlreiche Querverbindungen besteht auch die Möglichkeit, nur 2, 3 oder 4 Tage zu trekken.

Tipp Lassen Sie sich viel Zeit und gehen Sie so langsam, dass Sie nie außer Atem kommen und nicht allzu oft Pause machen müssen!

1. Tag: Sie starten auf etwa 1150 m in **Dhampus Pedi** an der Straße nach Baglung – gleich mit einer kräftigen Steigung in lichtem Wald. Nach 1–1,5 Std. endet das Steilstück an einem Teehaus; im Süden sieht man auf dem Grat das lang gestreckte Dorf Naudanda.

Die nächste Sunde geht es durch Felder, langsam ansteigend bis zu einem kleinen Stupa; dort ein paar Treppen hinauf, an ein paar Häusern vorbei, mit kurzem, steilem Anstieg zu einem Teehaus, wieder über Wiesen und dann steil hinauf bis zum Grat. Das Dorf **Dhampus** (2300 Einw.; 1730 m) bietet ein beeindruckendes Panorama: V. l. n. r.: Annapurna Süd mit Annapurna I, Hiunchuli, »Fischschwanz«, Annapurna IV, Annapurna II, Lamjung.

Wenn Sie wenig Zeit haben und nur einmal den Himalaya aus der Nähe sehen wollten, können Sie in Dhampus übernachten. Genießen Sie den Sonnenaufgang; auf selten begangenem, aber einfachem Weg erreichen Sie dann in etwa 2 Std. in Khare wieder die Straße.

Für die längere Route folgen Sie dem Hauptweg durch das lang gestreckte Dhampus und erreichen nach 1,5 Std. die kleine Lodge-Siedlung **Pothana;** am Ortsanfang blicken Sie zurück über Dhampus bis zum Phewa-See.

Hinter Dhampus folgen Sie nun dem Grat auf relativ ebenem Weg bis zu ein paar kleinen Teehäusern. Dort geht es abwärts durch dichten Wald. Nach 1,5 Std. ist das »Hita Hotel«, eine

Seite 91

sehr einfache, aber umso freundlichere Familienpension mit einigen Doppelzimmern und gutem Essen, erreicht. Sie können die erste Nacht auch etwas weiter im Dorf Tolka verbringen.

2. Tag: Hoch über dem Modi Khola geht es zunächst durch Wald, dann durch Getreidefelder und einzelne Dörfer nach Norden; Sie steigen in jedes kleine Seitental hinunter und anschließend wieder hinauf. Nach 1,5 Std. sind Sie im großen Dorf **Landrung.**

(Von hier führt die Strecke ins Annapurna Sanctuary geradeaus nach Norden. Dieser Weg zum Base Camp ist sehr bekannt, aber nicht unbedingt zu empfehlen: Zu schnell erreicht man Höhen von über 4000 m, und beim geringsten Schneefall herrscht Lawinengefahr.)

Von Landrung geht es 270 m steil hinunter zum Modi Khola (45 Min.) und jenseits der langen Hängebrücke wieder 700 m steil hinauf bis nach Gandrung. Wenn Sie sich von Land-

*Mühsam für Mensch und Tier:
der Lastentransport im Gebirge*

Seite
91

Maultierkarawanen

Früher transportierten sie im Tibethandel vor allem Reis, Wolle und Salz; heute sichern sie die Versorgung der Dörfer im Kaligandaki-Tal mit allem, was dort nicht hergestellt oder angebaut wird. Von Birethanti bis Jomosom brauchen sie etwa 5 Tage. Insgesamt sind auf der Strecke bis zu 5000 Mulis im Einsatz. Ein ausgewachsenes Tier trägt etwa 80 kg und frisst täglich 3 kg Mais.

Achtung: Wenn Ihnen eine solche Karawane entgegenkommt, weichen Sie immer zum Berg hin aus; stellen Sie sich niemals talseitig an den Wegrand. Denn die Tiere können nicht abschätzen, wie breit ihre Last ist, gehen dicht an Ihnen vorbei und stoßen Sie mit der zu breiten Ladung in den Abgrund.

rung aus diesen Weg ansehen, werden Sie denken: »Das schaffe ich nie«; aber wenn Sie sich Zeit lassen und langsam und gleichmäßig gehen, werden auch Sie nach nur 2–3 Stunden stolz oben ankommen.

Gandrung ist mit etwa 5000 Einw. das größte Gurung-Dorf Nepals. Hier gibt es wohl die schönsten Gasthäuser der Gegend; dank Wasserkraftwerk haben die meisten Häuser reiche Auswahl an Essen, heiße Duschen und gemütliche Aufenthaltsräume. (Probieren Sie z. B. die *Milan Lodge*.) Das *Annapurna Conservation Area Project* (ACAP) hat hier sein Hauptquartier mit einem kleinen Ausstellungsraum und regelmäßigen Filmvorführungen. Gute Informationen über das Gebiet (Botanik, Bevölkerung), die Probleme (Tourismus, Holzverbrauch) und Lösungsansätze (Wasserkraft, Energie sparende Öfen). Mit dem Kauf von T-Shirts oder Aufklebern können Sie die Arbeit dieses sehr erfolgreichen Projektes fördern.

Wenn Ihr Trekking nur 3 bis 4 Tage dauern sollte, gehen Sie von hier denselben Weg zurück, auf dem Sie in den Ort kamen, dann aber nicht links hinunter zum Modi Khola, sondern auf dem breiten Weg geradeaus nach Süden. Er führt mit meist gleichmäßigem Gefälle durch endlose Terrassenfelder nach Birethanti (s. S. 94).

3. Tag: Der kleine Verbindungsweg der nächsten 2 Tage führt durch dünn besiedeltes Gebiet und dichte Wälder und trifft erst in Ghorepani wieder auf die Hauptroute Richtung Jomosom.

Die heutige Tagesetappe ist kurz; lassen Sie sich Zeit. Gehen Sie aufwärts durch ganz Gandrung hindurch, dann links im Hang bleibend fast waagerecht durch dichten Rhododendron-Wald. Wenn Sie kleine Sträucher mit fast betäubend duftenden weißen

Blühender Rhododendron vor der Kulisse des Dhaulagiri I

Sonnenaufgang am Poon Hill mit Blick auf die Annapurna-Gruppe

Seite 91

Blüten sehen, handelt es sich um den hochgiftigen Seidelbast, aus dessen Rinde das Reispapier (s. S. 43) hergestellt wird. Nach 1,5 Std. überqueren Sie einen Bach (der anfangs tief unten im Tal verlief): Nun heißt es 45 Min. steil aufsteigen nach **Bhaisikharka** (»Büffel-Platz«), einer ehemaligen Alm auf einer kleinen Wiese mitten im Wald (2 sehr einfache Lodges).

Nun ist es noch 1 Std. bis zum nächsten Nachtquartier: Nach weiterem kurzen Anstieg links halten, dann dem eindeutigen Weg folgend durch einen Bergurwald, der mit seinen krummen uralten Rhododendren wie ein Märchenwald wirkt, bis **Tadapani** (»Weit-vom-Wasser«), einer Ansammlung von Gasthäusern auf 2700 m.

4. Tag: 200 m steil abwärts und jenseits des Baches fast ebenso viel wieder hinauf. Dann flacher nach Westen ins nächste Tal hinein, immer im Hang bleibend, bis wiederum der Bach die Höhe des Weges erreicht: In **Banthanti** (»Platz-im-Wald«) die letzten Teehäuser vor dem folgenden längeren Aufstieg.

In etwa 2 Std. überwinden Sie 450 m bis nach **Deorali,** wo wieder zwei einsame Häuser zur Pause einladen. Der Ortsname bedeutet zwar »Pass«, Sie aber überqueren diesen nicht, sondern halten sich links und steigen noch weiter aufwärts. Am höchsten Punkt der Strecke stehen Sie in 3200 m Höhe immer noch in dichtem Wald, der nur gelegentlich nach Westen den Blick ins Kali-Gandaki-Tal und auf den Dhaulagiri I (8167 m) freigibt.

1,5 Std. von Deorali erreichen Sie auf 2900 m das Lodge-Dorf am Pass von **Ghorepani** an der alten Handelsroute nach Jomosom, Mustang und Tibet.

5. Tag: Das umfassendste Himalaya-Panorama bietet der südlich etwa 300 m oberhalb des Passes gelegene **Poon Hill:** Im Westen die Dhaulagiri-Gruppe, die Berge des oberen Kaligandaki-Tals, der ganze Annapurna Himal; im Osten bis ins Gebiet des Manaslu. Der Aufstieg dauert 1 Std.; wenn Sie den Sonnenaufgang erleben wollen, brechen Sie gegen 5 Uhr auf.

Nach dem Frühstück dann gehen Sie durch dichten Wald auf breitem Weg in etwa 2 Std. nach **Banthanti** (das nichts mit dem gleichnamigen Ort vom Vortag zu tun hat). 40 Min. weiter das große Dorf **Ulleri** (2010 m), von wo einer der anstrengendsten Abstiege auf über 3500 Naturstein-Treppenstufen 400 steile Höhenmeter überwindet. Unten führen zwei lange

Seite 94

Hängebrücken in das Dorf **Thirked-hunga** (1600 m). Hier oder in Hille verbringen Sie Ihre letzte Trekking-Nacht.

6. Tag: Dem Tal folgend, erreichen Sie in etwa 2,5 Std. **Birethanti,** einen interessanten Ort an der Handelsroute nach Jomosom, fast eine Kleinstadt: Bank (kein Geldwechsel), Post, Geschäfte, und hübsche Lodges mit Gartenrestaurants. Fast wäre man versucht, hier, direkt am Modi Khola, in subtropischer Vegetation noch einmal zu übernachten: Abends gibt es Strom vom zentralen Generator; und morgens dank einer Filiale der »German Bakery« aus Patan ofenfrische Vollkorn-Brötchen!

Wenn Sie aber Pokhara noch erreichen wollen, gehen Sie nicht zu spät (denn dann fahren keine Busse mehr) über die lange Hängebrücke ans Ostufer des Modi Khola und in 20 Minuten nach Süden zur Straße.

Langtang, Gosainkund und Helambu

Genau nördlich von Kathmandu sieht man hinter einem gezackten Felsgrat einen einzelnen weißen Gipfel: Der 7245 m hohe Langtang Lirung ist der höchste Berg des Langtang Himal. Zwischen ihm und dem Felsgrat verläuft das Langtang-Tal von Ost nach West; vor den Felsen liegen die heiligen Seen von Gosainkund, südlich das Trekking-Gebiet von Helambu.

Zahlreich sind die Kombinationsmöglichkeiten in dieser Gegend: Das Langtang-Tal aufwärts und auf demselben Weg wieder zurück; von Langtang über Gosainkund ins Helambu; eine Woche Rundweg durchs Helambu; oder durch das Helambu nach Osten auf die Tibet-Straße.

Der **Langtang-Trek** ist einer der wenigen Trekkings, der relativ gleichmäßig steigend dem Fluss folgt. Ausgangspunkt ist Dunche (1920 m), Endstation aller Linienbusse. Nach 4 Tagen erreichen Sie Kyangching (3880 m), das ein beeindruckendes Panorama schnee- und eisbedeckter Berge bie-

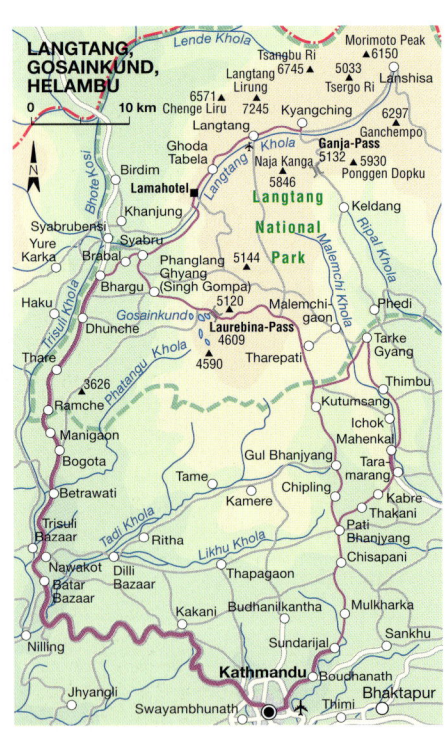

Eisfall des Khumbu-Gletschers am Fuße des Mount Everest

Seite 96

tet. Hier können Sie einige Tage mit Ausflügen, Wanderungen oder dem Besteigen kleinerer Gipfel verbringen, bevor Sie in ca. 2 Tagen wieder zurück gehen.

Im **Helambu** ist bei maximalen Höhen von 3500 m auch Trekking in der kalten Jahreszeit möglich. Wer Probleme mit der dünnen Luft in großen Höhen hat, kann hier auch eine Trekkingtour wagen. Eine Rundwanderung Sundarijal – Tharepati – Tarke Gyand – Sundarijal dauert etwa 6 Tage.

Den Besuch von Shivas heiligem See **Gosainkund** wird man meist mit Trekkingtouren in Langtang oder im Helambu kombinieren. Die Strecke Dhunche – Langtang – Gosainkund – Helambu – Kathmandu ergibt eine interessante und abwechslungsreiche Zwei-Wochen-Tour.

Von Dhunche in nur 3 Tagen nach Gosainkund zu gehen, ist wegen der Gefahr der Höhenkrankheit nicht zu empfehlen: Dem 4400 m hoch liegenden See nähert man sich besser langsam von Süden durch das Helambu-Gebiet – oder schließt den Aufstieg an das Trekking im Langtang-Tal an.

Everest-Gebiet

Der höchste Berg der Welt, bei uns als Mt. Everest bekannt, heißt in Nepal Sagarmatha, bei den Sherpas und Tibetern Chomolungma. Begannen die frühen Expeditionen noch in Bhaktapur, so kann man heute dank der Straße nach Jiri und des Flughafens in Lukla das Basecamp auch innerhalb eines Urlaubs erreichen. Von verschiedenen Stellen der Trekkingroute sieht man noch drei weitere Achttausender: Lhotse, Cho Oyu und Makalu.

Wer wenig Zeit hat, kann auf einer 4-Tages-Tour Namche Bazaar erreichen und einen schon beeindruckenden Blick auf den Everest werfen.

12 Tage führen von Lukla zum Basecamp und wieder zurück.

7 Tage führt der Weg von Jiri nach Lukla, auf dem man ein ganz anderes Nepal kennen lernt: Dichte Wälder, Terrassenfelder, Apfelbäume und Bananenplantagen. Auch dieses Trekking ist aber kein Spaziergang. Man bewegt sich in Höhen zwischen 1500 und 3500 m, und da die Täler von Norden nach Süden, der Weg aber von Osten nach Westen verläuft, geht es immer wieder viele hundert Meter rauf und runter.

Auf einem dreiwöchigen Trekking von Jiri zum Kala Pattar und zurück nach Lukla bewältigt man etwa 15 300 m Auf- und 14 300 m Abstiege!

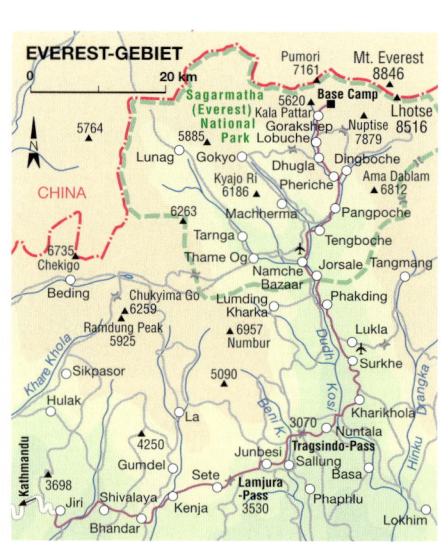

Infos von A–Z

Ärztliche Versorgung

Gute medizinische Versorgung gibt es in Kathmandu und im staatlichen Krankenhaus in Pokhara. Zu empfehlen sind das Patan Hospital, Lagankhel, Notaufnahme 24 Std., Tel. 01/522 266; die Nepal International Clinic, Hiti Durbar, Tel. 01/434 642, und die CIWEC Clinic, Tel. 01/228 531. Deutsch spricht Dr. Basanta Lall Shrestha, Chhetrapati (gegenüber dem Tibet Guest House), Tel. 01/522 791. Gängige Medikamente sind weitgehend erhältlich und sehr preiswert.

Auch Dialyse-Patienten können jetzt nach Nepal reisen: Im »National Kindey Center« arbeitet in Deutschland ausgebildetes Personal nach internationalen Standards. Tel. 01/429 866, Fax 423 502.

Ausrüstung und Gepäck

Trekkingausrüstung s. S. 88. Alles, was man auf einer Rundreise oder beim Trekking nicht benötigt, gibt man im Hotel ab (gegen Quittung), wo es kostenlos aufbewahrt wird. Nicht vergessen sollte man eine Taschenlampe (wegen häufiger Stromausfälle und schlecht beleuchteter Straßen), einen Wecker (da Flüge und Busfahrten oft früh beginnen und der Weckservice der Hotels oft unzuverlässig ist), Ohrenstöpsel (gegen Hundegebell, Musik und Straßenverkehr).

Behinderte

Kaum ein Hotel in Nepal ist in unserem Sinne behindertengerecht eingerichtet. Aber durch die Hilfsbereitschaft und die freundliche Offenheit der Nepali ist das Land trotzdem sogar für Rollstuhlfahrer zu bereisen. Querschnittgelähmte haben mit Hilfe einiger zusätzlicher Träger schon das Basislager des Mt. Everest erreicht, ein Hotel in Chitwan bietet Elefantenritte für Rollstuhlfahrer an – mit etwas Abenteuerlust und Mut zum Improvisieren ist in diesem sympathischen Land fast alles möglich.

Spezielle Reisen bietet die Agentur **Navyo Nepal** (s. S. 37) an.

Devisenbestimmungen

Ein- und Ausfuhr von nepalischen und indischen Rupien ist verboten.

Devisen können unbeschränkt ein- und ausgeführt werden, ab einem Gegenwert von 2000 US $ sollte man sie deklarieren.

Diplomatische Vertretungen

- **Königlich nepalische Botschaft,** Guerickestr. 27, 10587 Berlin, Tel. 0 30/34 35 99 20–22, Fax 34 35 99 06 (zuständig auch für Österreich). Konsulate gibt es in Frankfurt/M., München und Stuttgart. Hompage mit guten Infos: www.nepalembassy-germany.com.
- **Generalkonsulat des Königreiches Nepal,** Schickgasse 25, 1220 Wien, Tel. 01/28 800.
- **Generalkonsulat des Königreiches Nepal,** Postfach 223, 8027 Zürich, Tel. 01/2 01 45 15, Fax 2 01 44 35.
- **Deutsche Botschaft,** Gyaneshwar, Kathmandu, Tel. 01/412 786, Fax 416 899.
- **Österreichisches Konsulat,** Hattisar, Kathmandu, Tel./Fax 434 891.
- **Schweizer Honorarkonsulat,** Jawalakhel, Patan, Tel. 01/538 488, Fax 538 246.

Ein- und Ausreise/ Trekking-Permits

Touristen aus allen Länder der Welt benötigen ein Visum, das entweder vor Abreise im Heimatland oder direkt (am besten) bei Ankunft am Flughafen

(2 Passbilder, Gebühr in US $-Scheinen, derzeit für 60 Tage 30 US $) ausgestellt wird.

Zuständig für Visumsverlängerungen und das Ausstellen von Trekking-Permits ist das **Central Immigration Office,** Kathmandu, Bhrikuti Mandap, gegenüber der Stadthalle, Tel. 01/ 494 273 (Mo–Fr vormittags beantragen, nachmittags abholen). Das Immigration Office in Pokhara verlängert Visa nur um maximal 14 Tage.

Elektrizität

220 Volt mit häufigen Spannungsschwankungen und Stromausfällen. Eurostecker passen fast immer.

Feiertage

Wöchentliche Ruhetage sind Samstag und Sonntag. Staatliche Feiertage sind: 11. 1. (Gedenktag für Prithvi Narayan Shah); 29. oder 30. 1. (Tag der Märtyrer); 19. 2. (Tag der Demokratie); 8. oder 9. 11. (Tag der Verfassung); 29. 12. (Geburtstag des Königs).

Alle anderen Feiertage sind religiös bedingt und richten sich nach dem Mondkalender (s. S. 25), sie sind in den überall aushängenden offiziellen Kalendern rot markiert. Achtung: Bei den großen Festen im Herbst sind an bis zu acht aufeinander folgenden Feiertagen alle Behörden geschlossen!

Flughafengebühren

Bei Abflug ins Inland 165 Rs.; in Nachbarländer 660 Rs., sonstiges Ausland 1100 Rs.

Fotografieren

Viele Nepali lassen sich sehr gern fotografieren, manche aber lehnen es ab – fragen Sie vorher.

Das Innere einiger Tempel darf nicht fotografiert werden, und viele Museen haben ihre eigenen Regeln, von Foto-Verbot bis Foto-Gebühr (meistens 10 Rs. – für Videokameras werden allerdings häufig exorbitant hohe Gebühren verlangt!).

Negativfilme und deren Entwicklung sind preiswert, Diafilme bringt man besser von zu Hause mit und lässt sie auch dort entwickeln. Videokassetten für Camcorder sind teuer, Batterien jeder Art preiswert. Ein empfehlenswertes Geschäft – auch für kompliziertere Reparaturen: Photo Concern, New Rd., Kathmandu, Tel. 01/223 275.

Geld, Währung und Umtausch

Landeswährung ist die Rupie, unterteilt in 100 Paisa. Es gibt Scheine von 1, 2, 5, 10, 20, 25, 50, 100, 250, 500 und 1000 Rupies, die alle auch mit einer englischen Zahl beschriftet sind. Die Münzen (5, 2, 1 Rs. und 50, 25, 10 Paisa) kann man teilweise nur an der Größe erkennen.

Der Wechselkurs orientiert sich am Dollar (z. Zt. etwa 1 US $ = 74 Rs.) und steigt langsam aber gleichmäßig. Für Reiseschecks (nehmen Sie US $) bekommt man in der Regel einen besseren Kurs bei geringeren Gebühren. Gewechselt wird in Banken. Kreditkarten werden nur selten akzeptiert.

Die Mitnahme kleiner Dollarscheine ist heute, da es keinen Schwarzmarkt mehr gibt, überflüssig.

Gesundheit

Empfehlenswert ist eine Hepatitis A/B-Kombiimpfung. Überprüfen Sie Ihren Tetanus- und Polio-Schutz. Malaria-Prophylaxe ist nur für Gebiete unter 1200 m notwendig, nicht aber für Kathmandu und das Trekking in höheren Lagen.

Die besten Informationen zur Reisevorbereitung erhält man in einer guten Apotheke, die abhängig von der Reisezeit für jedes Land mehrseitige aktuelle Informationen ausdrucken lässt.

Schützen Sie sich vor der Sonne, und trinken Sie auf keinen Fall unbehandeltes Leitungswasser (auch nicht zum Zähneputzen). Um den Plastikflaschen-Müll zu reduzieren, sollte man auf Mineralwasser verzichten und sein Trinkwasser selbst entkeimen (Micropur, Romin Keimfrei, Certisil Combina).

Verzichten Sie auf ungeschältes Obst oder Gemüse, auf Eiswürfel, Speiseeis, Schlagsahne und Mayonnaise. Fleisch und Fisch sollten gut durchgegart sein.

In die Reiseapotheke gehören Mittel gegen Durchfall (Elektrolyte, vor Ort als *Jeevan Jal* erhältlich – Wasser vor Zugabe entkeimen!), Verstopfung, Erkältungen, Verbrennungen, Prellungen und Verstauchungen; außerdem Verbandsmaterial, Desinfektionsmittel, Wundsalbe.

Hilfsmöglichkeiten

Die Armut ist erschütternd; aber in einem kurzen Urlaub sinnvoll zu helfen, ist nicht einfach. Bevor Sie einem weiteren Straßenkind ein ganzes Jahr Internat bezahlen (von wo es vielleicht bald wieder wegläuft), informieren Sie sich beim größten Hilfswerk für arbeitende und Straßen-Kinder: CWIN, Ravi Bhavan, Tel. 01/278 064, Fax 278 016; E-Mail: cwin@mos.com.np. Ihre übrig gebliebenen Medikamente können Sie am Ende der Reise abgeben bei Christina's Dispensary im Erdgeschoss des Bir Hospital (Tel. 01/221 119); die von einer deutschen Krankenschwester gegründete Armen-Apotheke verteilt gespendete Medikamente an Bedürftige. Falls Sie nach Ihrer Rückkehr mehr für die Menschen dieses Landes tun möchten, wenden Sie sich an die Deutsch-nepalische Hilfsgemeinschaft e. V., Handwerkstraße 5–7, 70565 Stuttgart, Tel. 07 11/7 86 46 17, Fax 7 86 46 30, dnh_dk@s.netic.de.

Information

Es gibt in Europa kein Fremdenverkehrsamt. Die Botschaft verschickt gegen A4-Umschlag mit 3 DM Rückporto Info-Material, überwiegend in englisch und nicht allzu aktuell.

Sehr gute Informationen im Internet :
▮ www.south-asia.com.
▮ www.abenteuer-reisen.de/wg/np/wg_np_rfoo_index.htm
▮ www.nationalgeographic.de (Suchbegriff Nepal eingeben)
▮ www.welcomenepal.com

Die Informationsbüros im Land haben wenig Informationsmaterial und sind allenfalls bei konkreten Fragen hilfreich – die Ihnen aber die Hotelrezeption meist ebenso gut beantwortet.

Kriminalität

Gepäck im Hotelzimmer ist relativ sicher, sogar Kameras kann man dort lassen. Geld und Papiere gibt man an der Rezeption ab. Um keine Taschendiebe anzulocken, sollten Sie in der Stadt nicht unnötig viel Bargeld mit sich herumtragen und dieses an mehreren Stellen am Körper verteilen. In letzter Zeit häufen sich Berichte über Raubüberfälle auf Trekkingrouten in dichten Wäldern, so dass man dort nicht ganz alleine wandern sollte.

Maßeinheiten

▮ 1 Ropani = 508,92 m².
▮ 1 Pathi = 2,273 kg.
▮ 1 Mana (Hohlmaß für Getreide u. ä.) = 0,57 l.
▮ 1 Tola (Gewichtseinheit für Silber, Gold) = 11,664 g.

Temperaturen werden in Celsius gemessen; die Körpertemperatur (Fieber) aber in Fahrenheit.

In Nepal zählt man (wie in Indien) nicht in Millionen, sondern (auch auf

Englisch) in »Lakh« (100 000) und «Crore« (gesprochen »Krod«; 10 Millionen). So hat Nepal also »2,3 Krod« (= 23 Mio.) Einwohner; und eine Fläche von »one-point-four-seven Lakh« (= 147 000) km². Entsprechend setzt man auch bei langen Zahlen die Kommas (englisch statt Punkte) oberhalb von Tausend nach jeder zweiten Stelle: 100 Millionen schreiben sich also 10,00,00,000 und heißen »10 Krod«.

Öffnungszeiten

▌**Banken:** Mo–Fr 10–14 Uhr; einige Touristenschalter für Geldwechsel bis 16 oder bis 18 Uhr, allerdings teilweise mit Beschränkungen (z. B. nicht mehr als 100 US $ pro Tag).
▌**Behörden:** Mo–Fr etwa ab 10 Uhr–14, 16 oder 17 Uhr.
▌**Große Geschäfte:** Mo–Fr 10–18 Uhr. Kleine Geschäfte öffnen nach Lust und Laune, oft auch an Feiertagen.
▌**Museen** öffnen (außer an Feiertagen) Mo–Fr oder Di–Sa, meist etwa 10–16 Uhr.

Post, Postgebühren

Die Post ist äußerst unzuverlässig. Ansichtskarten und Aerogramme kommen oft an, dickere Briefe fast nie. Wichtiges schickt man per Fax oder per E-Mail.

Werfen Sie niemals Post in einen Briefkasten; geben Sie sie im Postamt ab und lassen Sie die Marke gleich entwerten – oder lassen Sie dies die Hotelrezeption erledigen.

▌**General Post Office** (GPO), Kathmandu, Mo–Fr 10–16 Uhr (Schalter für einfache Briefe vor der Tür, 7–19 Uhr).

Souvenirs

Bekanntestes kunsthandwerkliches Exportgut sind wohl die Tibeter-Teppiche, die nach europäischen wie auch traditionellen Designs überall im Land hergestellt werden (s. S. 56).

Lohnendes Souvenir sind auch die gewebten Decken aus der Wolle von Schafen, Ziegen oder Yaks. Groß ist das Angebot an örtlich hergestellter Kleidung, interessant vor allem die handgestrickten Pullover, Mützen und Socken aus reiner Schafwolle.

Thangkas und Holzschnitzereien kauft man am besten in Bhaktapur (s. S. 6/7 und 56 ff.), Metallstatuen werden vor allem in Patan hergestellt (s. S. 53 ff.). Silberschmuck sowohl in traditionellem als auch in modernem Design findet man überall in Thamel; das Edelmetall ist so preiswert, dass man sich in Geschäften in der Regel auf die Echtheit der Ware verlassen kann.

Das handgeschöpfte Reispapier (s. S. 43) gibt es nicht nur bunt bedruckt als Souvenir, sondern auch als Briefpapier, Kalender u. Ä.

Der *Khukuri,* das gebogene Messer, wurde zwar als »das Gurkha-Messer« der Soldaten berühmt, ist aber ursprünglich und bis auf den heutigen Tag v. a. das Standardwerkzeug des nepalischen Bauern. Ein Geschäft in Kathmandu hat sich auf diese Messer spezialisiert und berät gut über Formen und Größen (während fliegende Händler meist mindere Qualität anbieten): **Khukuri House,** Sat Ghumti, Thamel (Nähe Rum Doodle Restaurant), Tel. 01/412 314.

Telefon und Fax

Es gibt keine Telefonzellen, jedoch zahlreiche private Telefonbüros. Ortsgespräche (das ganze Kathmandu-Tal) kosten dort 4–5 Rs., Ferngespräche etwa 15 Rs. pro Minute.

Die Nummern ändern sich häufig. Alte Nummern werden nicht abgeschaltet – das Telefon scheint zu klingeln, aber es nimmt niemand ab.

Auskunft (für das Kathmandu-Tal) Tel. 01/197.

Für Gespräche nach Europa zahlt man ab 160 Rs. je angefangene Minute. Man wählt selbst, sollte den Minutenpreis aber vorher mit der Agentur ausmachen. Vom Hotel aus ist dies meist wesentlich teurer.

Internationale Vorwahlen: Deutschland 0049, Österreich 0043, Schweiz 0041; Nepal 00977 (gesamtes Kathmandu-Tal 01). Viele Telefonbüros bieten auch Zugang zum Internet: E-Mail ist eine preiswerte Alternative, um Nachrichten nach Hause zu schicken.

Trinkgeld

Das Personal in den Restaurants freut sich sehr über ein Trinkgeld, auch dem Hotelpersonal darf man gerne etwas geben. Bei Taxifahrten gibt man kein Trinkgeld, kann den Betrag aber auf die nächsten 5 Rs. aufrunden.

Die Gehälter von Fremdenführern und Trekking-Guides sind so kalkuliert, dass sie auf ein gutes Trinkgeld angewiesen sind; auch die Träger freuen sich sehr über eine Anerkennung.

Versicherungen

Zumindest alle gesetzlich Versicherten sollten unbedingt eine Auslandsreisekrankenversicherung abschließen, die den medizinisch notwendigen Rücktransport und auch Rettungsflüge innerhalb Nepals (dies auch als privat Versicherter überprüfen) einschließt. Wer eine Pauschalreise gebucht hat, sollte auch eine Reiserücktrittskostenversicherung abschließen. Eventuell kann auch eine Gepäckversicherung sinnvoll sein.

Zeit

MEZ + 4 3/4 Std. (während der europäischen Sommerzeit plus 3 3/4 Std.)

Zeitungen

The Rising Nepal ist die staatlich-königstreue Tageszeitung. Die **Kathmandu Post** ist etwas unabhängiger. Die internationalen Nachrichten sind erstaunlich gut, und manchmal finden sich touristisch interessante Hintergrundberichte. Die Magazine **Himal South Asia** und **Face To Face** erscheinen alle 2 bzw. 3 Monate und bringen gute Hintergrundinformation zu Kultur, Politik und Umwelt. Der alle 2 Monate erscheinende **Nepal Traveller** wird am Flughafen an neu ankommende Besucher verteilt (in der Stadt ist er fast nicht zu bekommen!). Er enthält oft ausgezeichnete Artikel über verschiedene (auch wenig besuchte) Sehenswürdigkeiten und über die jeweiligen Feste der nächsten 2 Monate.

Stern, Spiegel und andere deutsche Magazine findet man in den Buchhandlungen Thamels.

Zollbestimmungen

Einreise: Touristen müssen durch den grünen Kanal gehen. Dort wird alles Gepäck geröntgt, danach nur noch selten kontrolliert. 1,5 l Spirituosen, 200 Zigaretten oder 50 Zigarren oder 250 g Tabak sind zollfrei, sowie Kameras, 1 Radio, Computer usw., unter der Bedingung, dass sie wieder ausgeführt werden (es kann passieren, das hochwertige Geräte in den Pass eingetragen werden).

Ausreise: Antiquitäten müssen das Siegel des Department of Archeology tragen; was älter als 100 Jahre ist, darf nicht ausgeführt werden. Verboten ist auch die Ausfuhr von Gold und Edelsteinen (keine Probleme bei einzelnen Schmuckstücken) sowie von Tieren und deren Häuten, Fellen, Hörnern usw. (Letzteres darf nach dem Washingtoner Artenschutzabkommen in Europa auch nicht eingeführt werden!).

Langenscheidt Mini-Dolmetscher Englisch

Allgemeines

Guten Morgen	Good morning [gud **moh**ning]
Guten Tag (nachmittags)	Good afternoon [gud after**nuhn**]
Hallo!	Hello! [**häll**oh]
Wie geht's?	How are you? [hau ah‿ju]
Danke, gut.	Fine, thank you. [**fain**, θänk‿ju]
Ich heiße ...	My name is ... [mai **nehm**‿is]
Auf Wiedersehen.	Goodbye. [gud**bai**]
Morgen	morning [**moh**ning]
Nachmittag	afternoon [after**nuhn**]
Abend	evening [**ihw**ning]
Nacht	night [nait]
morgen	tomorrow [tu**morr**oh]
heute	today [tu**deh**]
gestern	yesterday [**jes**terdeh]
Sprechen Sie Deutsch?	Do you speak German? [du‿ju spihk **dschöh**mən]
Wie bitte?	Pardon? [**pahdn**]
Ich verstehe nicht.	I don't understand. [ai **dohnt** anderst**änd**]
Würden Sie das bitte wiederholen?	Would you repeat that please? [wud‿ju ri**piht** ∂ät, **plihs**]
Langsamer bitte!	Could you speak a bit more slowly, please? [kud‿ju spihk‿ə bit moh **slou**li **plihs**]
bitte	please [**plihs**]
danke	thank you [**θänk**‿ju]
Keine Ursache.	You're welcome. [joh **wäll**kamm]
was / wer / welcher	what / who / which [wott / huh / witsch]
wo / wohin	where [wäə]
wie / wieviel	how / how much [hau / hau **matsch**]
wann / wie lange	when / how long [wänn / hau **long**]
warum	why [wai]
Wie heißt das?	What is this called? [**wott**‿is ∂is **kohld**]
Wo ist ...?	Where is ...? [**wäər**‿is ...]
Können Sie mir helfen?	Can you help me? [kän‿ju **hälp**‿mi]
ja	yes [jäss]
nein	no [noh]
Entschuldigen Sie.	Excuse me. [iks**kjuhs** mi]
rechts	on the right [on ∂ə reit]
links	on the left [on ∂ə left]

Sightseeing

Gibt es hier eine Touristeninformation?	Is there a tourist information? [is‿∂ər‿ə **tuə**rist infə**meh**schn]
Haben Sie einen Stadtplan / ein Hotelverzeichnis?	Do you have a city map / a hotel guide? [du‿ju häw‿ə βiti mäpp / hoh**täll** gaid]
Welche Sehenswürdigkeiten gibt es hier?	What are the local sights? [**wott**‿ə ∂ə **lohk**l βaits]
Wann ist ... geöffnet?	When are the opening hours of ...? [**wänn**‿ah ∂i **ohp**ning auers əw]
das Museum	the museum [∂ə mju**sih**əm]
die Kirche	the church [∂ə **tschöh**tsch]
die Ausstellung	the exhibition [∂i egsi**bisch**n]
Wegen Restaurierung geschlossen.	Closed for restoration. [**klohsd** fə rästə**rehsch**n]

Shopping

Wo gibt es ...?	Where can I find ...? [**wäə** kən‿ai **faind** ...]
Wieviel kostet das?	How much is this? [**hau**‿matsch is‿∂is]
Das ist zu teuer.	This is too expensive. [∂is‿is **tuh** iks**pänn**βiw]
Das gefällt mir (nicht).	I like it. / I don't like it. [ai **laik**‿it / ai **dohnt** **laik**‿it]
Gibt es das in einer anderen Farbe / Größe?	Do you have this in a different colour / size? [du‿ju **häw**‿∂is in‿ə **diffr**ənt **kall**er / βais]
Ich nehme es.	I'll take it. [ail **tehk**‿it]
Wo ist eine Bank / ein Geldautomat?	Where is a bank / a cash dispenser? [**wäər**‿is ə‿**bänk** / ‿ə **käsch** dis**pänn**ser]
Geben Sie mir 100 g Käse / zwei Kilo ...	Could I have a hundred grams of cheese / two kilograms of ... [kud‿ai **häw**‿ə **hanndr**əd grämms‿əw **tschihs** / tuh **kill**əgrämms‿əw ...]
Haben Sie deutsche Zeitungen?	Do you have German newspapers? [du‿ju häw **dschöh**mən njuhspehpers]
Wo kann ich telefonieren / eine Telefonkarte kaufen?	Where can I make a phone call / buy a phone card? [**wäə** kən‿ai mehk‿ə **fohn**‿kohl / bai‿ə **fohn**‿kahd]

Notfälle

Ich brauche einen Arzt / Zahnarzt.	I need a doctor / a dentist. [ai **nihd** ə **dock**ter / ə **dänn**tist]
Rufen Sie bitte einen Kranken- wagen / die Polizei.	Please call an ambulance / the police. [plihs kohl ən **ämm**bjuləns / ðə pə**lihs**]
Wir hatten einen Unfall.	We've had an accident. [wihw **häd** ən **äck**ßidənt]
Wo ist das nächste Polizeirevier?	Where is the nearest police station? [**wäar** is ðə **niar**əst pəlihs stehschn]
Ich bin bestohlen worden.	I have been robbed. [ai həw bihn **robbd**]
Mein Auto ist aufgebrochen worden.	My car has been broken into. [mai **kah** həs bihn **broh**kən **inn**tu]

Essen und Trinken

Die Speise- karte, bitte.	The menu please. [ðə **männ**ju plihs]
Brot	bread [bräd]
Kaffee	coffee [**koff**i]
Tee	tea [tih]
mit Milch / Zucker	with milk / sugar [wið **milk** / **schugg**er]
Orangensaft	orange juice [**orr**əndsch **dseh**uhs]
Mehr Kaffee, bitte.	Some more coffee please. [ßəm moh **koff**i plihs]
Suppe	soup [ßuhp]
Fisch	fish [fisch]
Fleisch	meat [miht]
Geflügel	poultry [**pohl**tri]
Beilage	sidedish [**ßaid**disch]
vegetarische Gerichte	vegetarian food [**wäd**sch**ə**täri**ə**n fud]
Eier	eggs [ägs]
Salat	salad [**ßäl**əd]
Dessert	dessert [di**söht**]
Obst	fruit [fruht]
Eis	ice cream [ais **krihm**]
Wein	wine [wain]
weiß / rot / rosé	white / red / rosé [wait / räd / **roh**seh]
Bier	beer [biə]
Aperitif	aperitif [ə**pärr**ətihf]
Wasser	water [**woh**ter]
Mineralwasser	mineral water [**minn**rəl wohter]
mit / ohne Kohlensäure	sparkling / still [**spahk**ling / still]
Limonade	lemonade [lämm**ə**nehd]
Frühstück	breakfast [**bräck**fəst]
Mittagessen	lunch [lanntsch]
Abendessen	dinner [**dinn**er]

ein Imbiss	a snack [ə **ßnäck**]
Ich möchte bezahlen.	I would like to pay. [ai wud **laik** tə peh]
Es war sehr gut.	It was very good. [it wəs **wärri** gud]
Es war nicht so gut.	It was not so good. [it wəs **nott** ßoh gud]

Im Hotel

Ich suche ein gutes / nicht zu teures Hotel.	I am looking for a good / not too expensive hotel. [aim **lucking** fər ə gud / nott tu ickspännßiw hoh**täll**]
Ich habe ein Zimmer reserviert.	I have booked a room. [ai həw **buckt** ə **ruhm**]
Ich suche ein Zimmer für ... Personen.	I am looking for a room for ... persons. [aim **lucking** fər ə **ruhm** fə ... **pöh**ßns]
Mit Dusche und Toilette.	With shower and toilet. [wið **schau**ər ənd **toil**ət]
Mit Fernseher / Telefon.	With a television / telephone. [wið ə **tel**əvischn / **tel**əfoun]
Wieviel kostet das Zimmer pro Nacht?	How much is the room per night? [**hau** matsch is ðə ruhm pə **nait**]
Mit Frühstück?	Including breakfast? [inkluhding **bräck**fəst]
Kann ich das Zimmer sehen?	Can I see the room? [kən ai **ßih** ðə ruhm]
Haben Sie ein anderes Zimmer?	Do you have another room? [du ju **häw** əna**ð**er ruhm]
Das Zimmer gefällt mir (nicht).	I like the room. / I don't like the room. [ai **laick** ðə ruhm / ai **dohnt** laick ðə ruhm]
Kann ich mit Kreditkarte bezahlen?	Do you accept credit cards? [du ju əck**ßäppt** krädit kahds]
Wo kann ich parken?	Where can I park the car? [**wäə** kən ai **pahk** ðə kah]
Können Sie das Gepäck in mein Zimmer bringen?	Could you bring the luggage to my room? [kud ju **bring** ðə **lagg**idsch tə mai ruhm]
Haben Sie einen Platz für ein Zelt / einen Wohn- wagen / ein Wohnmobil?	Is there room for a tent / a caravan / a camper? [is ðə **ruhm** fər ə **tänt** / ə **kär**əwən / ə **kämp**er]
Wir brauchen Strom / Wasser.	We need electricity / water. [wi **nihd** iläck**triss**əti / **woh**ter]

Register

Register

Zeichenerklärung

Unsere Preissymbole bedeuten:
Hotel (pro Doppelzimmer):

○○○	60–120 US $
○○	30–60 US $
○	5–30 US $

Restaurant: In allen 4- und 5-Sterne-Hotels kann man exzellent speisen. Außerhalb der Hotels ist die Auswahl an Restaurants fast unendlich. Vegetarisches Essen ist wesentlich billiger als solches mit Fleisch; Tee ist preiswert, Bier teuer. In den in diesem Band empfohlenen Restaurants zahlt man für ein Essen z. B. mit Suppe, Steak und einem Softdrink 180–350 Rs., für ein Daal Bhaat mit Fleisch und Nachschlag 125–300 Rs.

**Polyglott im Internet: www.polyglott.de,
im Shell GeoStar unter www.ShellGeoStar.com,
in Beyoo unter www.beyoo.com,
im Travel Channel unter www.travelchannel.de**

Alle Informationen stammen aus zuverlässigen Quellen und wurden sorgfältig geprüft. Für ihre Vollständigkeit und Richtigkeit können wir jedoch keine Haftung übernehmen.
Ergänzende Anregungen bitten wir zu richten an:
Polyglott Verlag, Redaktion, Postfach 40 11 20, 80711 München.
E-Mail: redaktion@polyglott.de

Impressum

Herausgeber: Polyglott-Redaktion
Autor: Jürgen Dahm
Lektorat: Gudrun Rücker
Layout: Ute Weber, Geretsried
Karten und Pläne: Elsner & Schichor und Polyglott-Kartografie
Titeldesign-Konzept: Independent Medien-Design
Satz: Tim Schulz, Dagebüll
Satz Special: Ute Weber, Geretsried

Erste Auflage 2001
© 2001 by Polyglott Verlag GmbH, München
Printed in Germany
ISBN 3-493-58844-5
Dieses Buch wurde auf chlorfrei gebleichtem Papier gedruckt.

Die wichtigsten Sehenswürdigkeiten auf einen Blick

Das unverwechselbare Polyglott-Sternchensystem dient einer ausgewogenen Bewertung aller Sehenswürdigkeiten. Es soll Ihnen die Wahl und die Zusammenstellung Ihrer Reiseroute erleichtern.

*** eine eigene Reise wert
** einen Umweg wert
* sehr sehenswert

Kathmandu-Stadt

*** Durbar Square (S. 38)
** Palast der Kumari (S. 39)
** Hanuman-Dhoka-Platz (S. 41)
** Diagonaler Bazar (S. 43)
* Basantapur-Turm (S. 39)
* Garuda (S. 39)
* Shiva-Parvati-Tempel (S. 40)
* Narasingha (S. 42)
* Tempel des Sheto Machhendranath (S. 44)
* Asan Tole (S. 45)
* Buddha-Statue (S. 48)
* Avalokiteshvara Padmapani (S. 49)

Kathmandu-Tal

*** Patan (S. 53)
*** Bhaktapur (S. 56)
*** Swayambhunath (S. 61)
*** Pashupatinath (S. 64)
*** Changu Narayan (S. 67)
** Boudhanath (S. 66)
** Budhanilkantha (S. 68)

Pokhara und der Süden

** Pokhara (S. 76)
** Chitwan National Park (S. 82)
** Lumbini (S. 83)

Der Autor

Jürgen Dahm,

Jahrgang 1955, gab seine Arbeit als Buchhändler auf, um zu reisen. Seit 1983 konzentrierte er sich auf seine beiden Lieblingsländer Nepal und Indonesien, lernte beide Sprachen und arbeitet als Reiseleiter. Bis heute verbringt er jeden Winter mehrere Monate in Nepal, wo ihn vor allem die freundlichen Menschen faszinieren.